C'est la vie

FIFTH EDITION

Paul Pimsleur
Late of State University of New York, Albany

Beverly Pimsleur

Harcourt Brace Jovanovich College Publishers

Fort Worth Philadelphia San Diego New York Orlando Austin San Antonio
Toronto Montreal London Sydney Tokyo

Publisher	Ted Buchholz
Acquisitions Editor	Jim Harmon
Project Editor	Steven-Michael Patterson
Senior Photo/Permissions Editor	Molly L. Shepard
Production Manager	Annette Dudley Wiggins
Art & Design Supervisor	Vicki McAlindon Horton
Text Designer	Carmen DiBartolomeo—CIRCA 86, Inc.
Cover Designer	Vicki McAlindon Horton/Patricia Hinshaw

Library of Congress Cataloging-in-Publication Data
Pimsleur, Paul.
    C'est la vie / Paul Pimsleur, Beverly Pimsleur.—5th ed.
      p. cm.
    ISBN 0-03-055813-1
    1. French language—Readers. 2. French language—Textbooks for
foreign speakers—English. I. Pimsleur, Beverly. II. Title.
PC2117.P53 1992b   91-44985
448.6'421—dc20   CIP

ISBN: 0-03-055813-1

Address for editorial correspondence: 301 Commerce Street, Suite 3700, Fort Worth, TX 76102

Address for orders: 6277 Sea Harbor Drive, Orlando, Florida 32887.
           1-800-782-4479, or 1-800-433-0001 (in Florida)

PRINTED IN THE UNITED STATES OF AMERICA

2 3 4 5 016 9 8 7 6 5 4 3 2

à Julie et Marc-André

Preface

For more than twenty years, *C'est la vie* has presented France in its own words to generations of American students. The fifth edition remains faithful to the tradition of adapting articles from French magazines and newspapers to reflect current French life and culture. As in the earlier editions, the selections provide the students with a range of up-to-date, and often controversial, topics that serve as a stimulus for classroom discussion.

The articles in this new edition explore some of the concerns of France in the 1990s: a growing interest in ecological issues, technological advances, the challenges of a diverse immigrant population, and the attempt to reconcile French tradition with cultural changes. *Le Minitel* presents one of France's unique contributions in the area of telecommunications; *Le Tabac: la guerre est declaré* discusses the hotly debated ban on smoking in public sectors; and *La Mère Veil* portrays an important female political figure and her controversial stand on abortion. The problem of ecological pollution is the topic of two other articles: *Êtes-vous écolo?* and *Chiens parisiens*. In addition, many of existing articles have been up-dated with new facts and figures.

A completely new exercise program has been added to this edition in response to the needs of French instructors using «*C'est la vie*» (see Introduction). For the first time, a few French words have been glossed in English (they appear in *italics*) where a lengthy French explanation would prove awkward.

Another innovation with this edition is the set of two 45-minute video cassettes, *C'est la vie 1* and 2, which bring to life select chapters of the *C'est la vie* text. Filmed entirely on location, these mini-documentaries complement several chapters: *Les Filles du Roi, Aix-en-Provence, Roquefort: le roi des fromages,* and *La Martinique.* In addition, there is a short treatment on the French and their dogs, and one on the lively markets of Provence. A separate instructor's manual accompanies the video program.

Tables des matières

Photo Credits

Literary Credits

Musicales 57, for «Chanson pour l'Auvergnat», «Jeanne», «Le Nom demande en mariage», by George Brassens. Rapho, Agence de Presse Photographique, Paris, for «Carnac» and «Le Diascorn», reprinted by permission. Also, «Antoine de Saint-Exupéry», from *Marie-France*. ©*Le Nouvel Observateur*, for «Culture : le creuset français» by Didier Lapeyronie, reprinted by permission. Also, «Rire, c'est guérir un peu», and «Réussir avec ou sans bac». *Télé 7 Jours*, Neuilly, for «La Haute Cuisine présidentielle», reprinted by permission. *Libération*, Paris, for «A quand des trottoirs parisiens propres?» by Lois Chauveau, appeared March 23, 1989, reprinted by permission. *Le Pèlerin*, Paris for «Orthographe ou ortografe?», appeared in June 29, 1990 issue, reprinted by permission. «Les Filles du Roi» from Nos Racines, July 13, 1988, Publicor Inc. L'Événement du jeudi for «Tabac : la gurerre est déclarée» by Marie-Ange d'Adler, appeared 22-28 of June, 1989, reprinted by permission. ©*Actuél Video, Inc.*, for «Roquefort : le roi des fromages», and «La Martinique». Ginette Billard, for «Les Festival de Cannes», par Ginette Billard du *Film Français*. «La Pyramide», ©*Impact Médicin*, Feb. 1990. «L'Atout-coeur de l'opposition», ©by Fred Kupferman/*L'Express*. Distributed by New York Times Syndication Sales. *France Today Magazine*, «Les Grottes de Lascaux», reprinted by permission. *Paris Match*, Paris, for «Taxi! Taxi!».

Introduction

▼

When students begin to read French, they stumble along painfully for a time as they decipher one word after another and verify their understanding by translating frequently into English. With continued practice, they pick up speed and confidence and begin to read in thought groups instead of word by word. Gradually, their need for the reassurance of English decreases.

How quickly and painlessly students progress depends largely on the difficulty and intrinsic interest of the material they are given to read. Reading matter that is too difficult forces them to halt repeatedly to look up words and reinforces their dependence on English. Dull reading matter makes the effort required to read it seem pointless.

To capture and hold the interest of beginning students, we turned to the liveliest French periodicals for articles written with a journalistic flair. Some three dozen articles have been selected for their content, their humor, and their ability to provoke classroom discussion. The selections are all relatively short, in keeping with the short attention span of students for whom reading French is hard work.

Fluency is the main goal of this book, and a careful effort has been made to eliminate anything that might hinder the flow of meaning. For the most part, the selections contain easy and familiar words and structures. The few difficult words that were unavoidable have been strictly rationed (no more than one in forty words in text) and are defined in the margin when they first appear. The vocabulary, grammar, length, and complexity of the selections have been graded throughout the book to ensure orderly progress. Thus, students who start with very little knowledge of French should be prepared to go on to other, more complicated forms of written expression by the time they have completed the book.

The following pages explain how the vocabulary and grammar have been treated and how the exercises may be used to teach in an atmosphere of lively oral give-and-take.

Vocabulary

The vocabulary in six widely-used beginning French textbooks was correlated with the *Français fondamental* (Ministère de l'Éducation, Nationale, Paris, 1959). The results revealed that there are approximately 750 words they have in common. These words form the basis of the **Première partie.** Approximately 250 of them are unmistakable English cognates (*direction, effort,* and so on). Thus, the vocabulary in the **Première partie** is 500 of the most common noncognate words of French. Many of these may already be familiar to students when they start to read this book. If not, no matter: A complete French-English vocabulary can be found at the back of the book.

The **Deuxième partie** makes free use of an additional 750 words—the remainder of the *Français fondamental.* Again, about 250 of these are cognates. An advantage of using the *Français fondamental* is to correct the vocabulary bias of American textbooks, which often fail to include important practical words. *Nettoyer* and *déranger,* for example, are on the French list but are not found in most textbooks.

In practical terms, the instructor can explain to the students that this book has been carefully edited to include any important vocabulary and that any unglossed word they encounter in these selections is a word well worth their effort to learn and remember.

The **Troisième partie** introduces no new vocabulary. Rather, the 1500-word vocabulary of the first two parts is utilized in longer, more complex, and more mature selections.

Grammar

The order of selections within each part is based largely on grammar, with verb tenses as the main consideration. Instructors may wish to use it to coordinate the readings with other class activities, especially the teaching of grammar.

The **Première partie** contains the present, *passé composé,* and the future in the first 7 selections. The imperfect, pluperfect, and the conditional are introduced in Selections 8 through 10.

The **Deuxième partie** contains mainly the present, *passé composé,* the imperfect and future.

The **Troisième partie** contains the conditional and a very limited number of present subjunctives.

Compound tenses (pluperfect, future perfect, and so on) are used sparingly and only after the corresponding simple tenses have been introduced. As for other grammatical features, only those appropriate to the students' level of reading ability were included.

As for syntax, journalistic style is often replete with compressions and imbedding that make reading difficult. These have been simplified as much as possible without losing the flavor of the original.

Pour mieux comprendre and *Avez-vous bien lu?*

Each reading selection is preceded by a brief paragraph entitled **Pour mieux comprendre.** This section suggests a strategy that will be useful in approaching that selection, specifically, as well as in developing the reading skill overall. **Avez-vous bien lu?** is the related application exercise that is placed immediately after the reading.

Exercises

To focus attention on the readings themselves, the exercises that follow each article have been kept short, lively, and varied. They are quite adequate, however, to fill the class hour with purposeful activity.

Certain exercises concentrate on vocabulary, others on comprehension and inference, and still others on role-playing, analysis, and discussion. The emphasis shifts gradually from the receptive to the productive skills.

Although most exercises can be done either orally or in writing, it is recommended that priority be given to oral skills at this early stage. The exercises are all designed to elicit lively oral exchanges in the classroom. For those who do desire to provide specific writing practice, a **Sujet de composition** is provided in conjunction with each reading in the **Troisième partie.**

The exercises can be done in a number of ways; some require more knowledge of French than others. Much depends on the instructor's perception of the students' ability. A few possibilities are indicated here; experienced teachers will be quick to think of others.

Synonymes and *Antonymes*

The **Synonymes** and **Antonymes** ask the student to find a word or phrase in the text that means the same as (or opposite of) a given word or phrase. For example, in Selection 4:

> *Trouvez un synonyme.*
>
> **Il a peur du *test*.**

The student is expected to say *Il a peur de l'examen*, because *examen* was used and defined in the article. The student should respond with the entire sentence, not just the word in question, and should avoid placing unnatural stress on the replaced word.

Variant 1: For extra speaking practice, longer answers can be elicited, such as: «*Il a peur du test*» *veut dire la même chose que* «*Il a peur de l'examen*».

Variant 2: One student asks, *Jeanne, peux-tu trouver un synonyme pour «Il a peur du test»?* Another student answers: *Oui, «il a peur de l'examen» a le même sens que «Il a peur du test».*

Vrai ou faux? and *Questions*

Every selection is followed by one or both of the **Vrai ou faux?** and **Questions,** which check whether the students have understood what they have read. The **Vrai ou faux?** exercises are easier than the **Questions;** instructors may wish to do one or the other, rather than both.

In Selection 4 the first **Vrai ou faux?** item states: *Les chauffeurs de taxi doivent prendre le chemin le plus direct.* This is true according to the article, so the student might respond: *C'est vrai,* or *C'est juste,* or *En effet,* along with the statement. The next sentence, *Les chauffeurs de taxi doivent prendre les clients qui sont ivres,* is false, so the student might say: *Non, c'est faux,* or *Ce n'est pas vrai,* or *Les chauffeurs ne sont pas obligés de prendre les individus qui sont ivres.* The complexity of the responses will obviously depend on the class's level of ability and on the expectations of the instructor. Different students can answer the same question in different ways, thus allowing additional opportunities for speaking practice.

Scène à jouer

Most selections are followed by one or more **Scènes à jouer,** which give students an opportunity for role playing related to the reading and also, usually, to their own experience. In the **Scène à jouer** for Selection 3, for example, the student is instructed, *Imaginez que vous enseignez un cours sur le savoir-vivre aux États-Unis. Donnez des conseils à des étrangers invités à dîner dans une famille américaine....* A general structure for each *scène* is suggested, but there is ample opportunity for students to embellish and expand it, depending on their level of ability and the amount of time allocated for preparation.

Points de vue and *Discutons*

The **Points de vue** and **Discutons** exercises give students an opportunity to express their own reactions and opinions. The **Point de vue** questions are tied quite directly to the reading, asking students' opinions relating to the content, mode of presentation, or controversial ideas that are raised. The **Discutons** questions use the reading as a point of departure for more generalized discussion in which students are encouraged to relate the content to their own experience in one way or another: for example, in conjunction with Selection 7, there is the request, *Parlez d'un endroit mystérieux et très spécial que vous avez visité.* In dealing with these sections, it is well to remember that a lively discussion can be one of the most exciting class activities; it must be guided judiciously by the instructor, however, as students' ideas tend to run far ahead of their French.

Sujet de composition

The **Points de vue** and **Discutons** exercises can be done in writing as well as orally. In addition, the **Sujet de composition** is provided in the **Troisième partie** for those who wish to provide writing practice at that point. Prior to making any writing assignment, the best procedure is to allow ample oral discussion of the topic so that students can work out their ideas and develop their arguments before meeting the added problems of spelling and punctuation that writing entails.

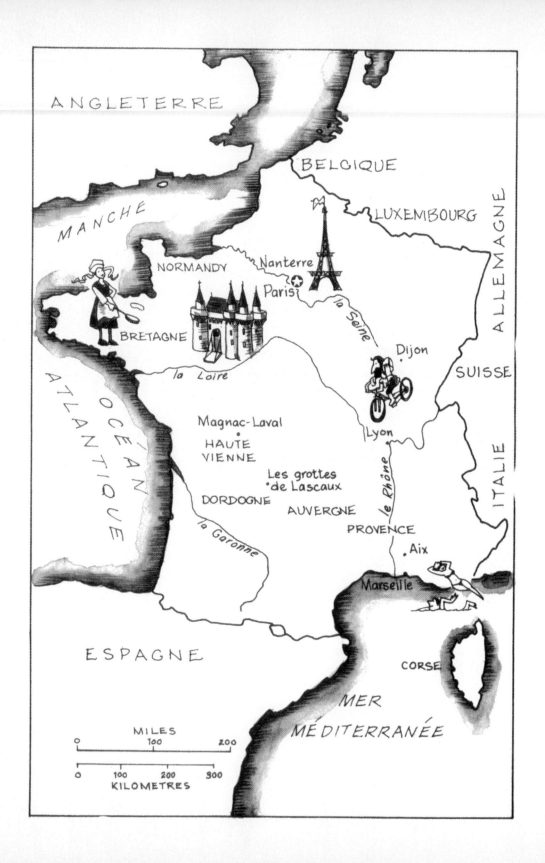

Première partie

1

Le Minitel

Pour mieux comprendre: **Le Minitel** is a compact computer terminal supplied to users by **France-Télécom,** the national telephone company. Attached to the phone lines, **le Minitel** has quickly become a fixture in French households, which now use it for many diverse functions. Despite its widespread popularity, however, **le Minitel** is not yet very well known outside of France, and you may wonder what to expect in an article on this less-familiar topic. This is a case in which it will be helpful to try to predict the focus and the content of the text on the basis of its lead sentence, here, a question. Look at the possibilities raised by way of the introductory question and you will be able to anticipate readily the type of information likely to be presented. This will give you a useful sense of direction for approaching this reading on a new subject.

Qui peut donner en un clin d'œil°, à quatre heures du matin, le
résultat du dernier match de football, le prix de vacances au
Maroc, le premier vol pour New York, ou encore l'adresse et le
numéro de téléphone de tous les «Chevalier» de France? Le
Minitel, prêté gratuitement° par France-Télécom. En dix ans,
depuis les premiers pas de l'annuaire° électronique, le Minitel est
plus qu'un succès : c'est devenu un «phénomène de société». Il y
a cinq millions de terminaux installés en France, aussi bien chez
les particuliers° que dans les entreprises. L'idée principale qui a
contribué à son succès : donner gratuitement des terminaux
d'ordinateurs° aux particuliers. On ne paie que pour les services
rendus, qui coûtent le même prix qu'une communication
téléphonique.

en un instant

sans faire payer

telephone book

individus

ordinateur

L'annuaire électronique est interrogé deux fois par semaine
en moyenne. Quant aux autres services, il y a les messageries et les
jeux, mais aussi les services bancaires, les informations concernant le tourisme, le transport. En tout, il y a plus de 13.000
services. L'une des controverses autour du Minitel concerne les
«messageries roses» : tout ce qui relève des services de rencontres, parfois pornographiques. C'est aussi le service qui fait le

plus de publicité : on ne peut pas marcher dans les rues de Paris sans voir la publicité pour tel ou tel service de rencontres sur Minitel. Mais le nombre des «messages roses» a diminué depuis

decreases

1987, car Télécom a réagi° en créant Minitel 2 qui permet de bloquer l'accès au Minitel, en particulier en ce qui concerne les enfants, qui, ainsi, n'ont pas accès aux «messages roses». De plus, il y a une taxe de 30% sur les services téléphoniques pornographiques.

for/because *reacted* *while creating* *thus* *Moreover*

a répondu à la situation

C'est le Minitel 5 qui va compléter la série des Minitels. Il n'est pas plus grand qu'une feuille de papier, ne pèse qu' un kilo et peut être posé n'importe où°.

anywhere *only weighs*

où on veut

Le Minitel profite de son succès pour s'internationaliser : un contrat a été signé avec les Italiens et des projets sont à l'étude avec les Américains et les Japonais.

contract *under consideration*

Les habitudes des Français ont été complètement modifiées par le Minitel. France-Télécom espère bien que le reste du monde suivra.

Adaptation d'un article du *Havre Libre*

Avez-vous bien lu? read

Qu'est-ce que vous avez prévu en lisant la première phrase de cet article? Quelles idées, implicites dès le début, sont en fait développées dans l'article?

1. Le Minitel peut donner des renseignements en un clin d'œil. ✓ *info*
2. Le Minitel fournit un grand nombre de services. ✓ *provides*
3. Les services rendus sont très variés. ✓
4. On peut interroger le Minitel à n'importe quelle heure. ✓
5. Le Minitel est vraiment un «phénomène de société». ✓
6. Le Minitel peut modifier les habitudes des individus. *modérément / indirectment mais c'est vrai*

Exercices

Synonymes

Trouvez un synonyme.

Le Minitel peut donner *en un clin d'œil* le résultat du dernier match de football.
→ Le Minitel peut donner *en un instant* le résultat du dernier match de football.

1. On donne *gratis* des terminaux d'ordinateurs aux particuliers.
2. Les services coûtent le même prix qu'*un coup de téléphone.*
3. Le nombre des «messages roses» *est devenu moins grand* depuis 1987.
4. On peut poser le Minitel 5 *où on veut.*
5. Les habitudes des Français ont été complètement *changées* par le Minitel.

Questions

1. Donnez des exemples de ce que peut faire, en un clin d'œil, le Minitel.
2. Il y a combien de terminaux installés en France?
3. Combien coûtent les services rendus?
4. Quel service du Minitel fait le plus de publicité?
5. Qu'est-ce que le Minitel 2 permet de faire?
6. Décrivez le Minitel 5.
7. Comment espère-t-on profiter du succès du Minitel?

Scène à jouer

Essayez de persuader quelqu'un qui n'aime pas les nouveaux moyens de communication de la nécessité d'avoir un Minitel. Cette personne vous indique ses objections, par exemple :

▼ Il (elle) n'a pas besoin du Minitel.
▼ Les services du Minitel vont coûter très cher.
▼ Il (elle) a des enfants; il (elle) n'approuve pas les messageries roses.
▼ Il (elle) n'a pas de place chez lui (elle) pour un terminal.
▼ ?

Répondez, en parlant des avantages du Minitel.

Discutons

1. On essaie d'internationaliser le Minitel. Les Américains vont-ils accepter volontiers le Minitel? Expliquez votre réponse.
2. Quels services rendus par le Minitel vous semblent les plus importants ou distinctifs? S'il vous arrive un jour d'avoir un Minitel, quels services seront très importants pour vous?
3. Aux États-Unis, I.B.M. essaie de vendre un service "Spectrum". Quels sont les avantages et les inconvénients de ce système comparé à ceux du Minitel?

2

Les Diamants noirs

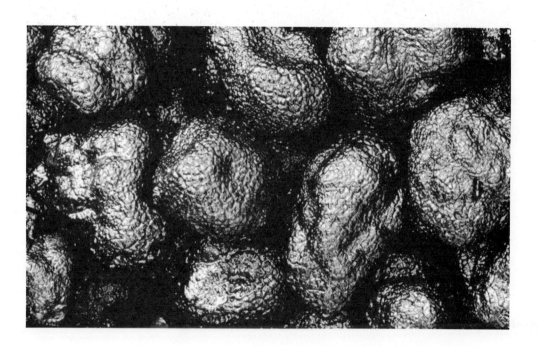

Pour mieux comprendre: Before you begin reading this selection, it is worth taking a minute to consider the title. Can you determine what **les diamants noirs** may be? Does the combination of the terms **diamants** and **noirs** strike you as unusual? Analyzing a title and its implications in this manner can help you begin to orient your thinking as you approach a new reading, alerting you not only to the nature of the subject matter but also to key lines of thought that may be developed.

On les appelle les «diamants noirs». Mais on ne porte pas ces diamants-là, on les mange! Il s'agit des° truffes, un champignon° noir qui ne ressemble pas aux autres champignons : celui-là vit sous terre. Les truffes ont une odeur et un goût subtils et sont très appréciées par les gourmets du monde entier. Les truffes noires ont aussi une réputation d'aphrodisiaque; on dit que leur consommation rend les messieurs plus tendres et les dames plus dociles, surtout si on les mange en quantité! Depuis des siècles on utilise un cochon ou un chien pour chercher les truffes dans la terre.

Les cochons bien dressés° sont préférés aux chiens. Un bon cochon sent la truffe de loin et trouve l'endroit exact. Il la dégage avec son groin° et signale à son maître de venir la chercher. Jamais il ne la mange.

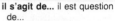

il s'agit de... il est question de...

champignon

à qui on a appris à faire quelque chose

groin

Les truffes poussent, en général, près des chênes.° Une truffe met une quinzaine d'années pour se former dans le sol. C'est surtout en Dordogne qu'on trouve ce «diamant noir»; on le cultive également en Haute Provence.° La saison des truffes va de la fin-décembre à la fin-février. C'est pendant cette période qu'ont lieu les ventes; les experts savent les choisir d'après leur odeur.

oak

voir la carte à la page xiv

Le poids moyen d'une truffe est de 40 à 50 grammes. Traditionnellement, on en met de petits morceaux dans les très bons pâtés, les omelettes et certaines sauces. Considérée comme un produit de luxe, on la voit sur les tables surtout à l'occasion des fêtes. Les truffes sont devenues aujourd'hui bien plus rares donc plus chères. Actuellement, on peut payer jusqu'à 4,000 francs le kilo (le prix du caviar). Elles sont tellement précieuses que certains restaurateurs les mettent, au froid, dans un coffre-fort!°

coffre-fort

Adaptation d'un article de *Géo*

Avez-vous bien lu?

Pourquoi est-ce qu'on appelle les truffes «les diamants noirs»? Expliquez ce terme et le sens qu'il a dans la lecture en complétant les phrases suivantes.

> **On ne porte pas ces diamants-là;... →**
> **On ne porte pas ces diamants-là; on les mange.**

1. Les truffes sont très appréciés par...
2. Pour se former dans le sol, une truffe met...
3. Les truffes sont considérées comme un produit...
4. Aujourd'hui les truffes sont devenues...

Exercices

Synonymes

Trouvez un synonyme.

Ces diamants-là, on les *consomme.* → Ces diamants-là, on les *mange.*

1. Les truffes sont très *estimées* par les gourmets du monde entier.
2. On les cherche avec l'aide d'un *porc.*
3. Il sent la truffe à *grande distance.*
4. Il faut attendre *dans les quinze ans* pour que les truffes *s'établissent* dans le sol.
5. Les *spécialistes* savent choisir les truffes rien qu'à *l'arôme.*

Vrai ou faux?

Corrigez le sens (la signification) de la phrase, s'il est faux.

1. Les truffes ressemblent aux champignons mais n'en sont pas.
2. Certains pensent que les truffes sont un stimulant érotique.
3. Les cochons ne mangent jamais les truffes qu'ils trouvent.
4. Les experts savent juger la qualité des truffes rien qu'à leur odeur.
5. La vente des truffes a lieu au printemps.
6. On appelle les truffes des diamants noirs parce qu'elles sont très dures.

Questions

1. Quel est l'animal préféré pour chercher les truffes? Comment le fait-il?
2. Dans quelle(s) région(s) est-ce qu'on trouve les truffes?
3. D'après quoi les experts choisissent-ils les truffes?
4. Dans quels plats met-on des truffes?
5. Que font certains restaurateurs avec les truffes?

Scènes à jouer

1. Vous êtes un(e) Français(e) qui apprécie bien les truffes. Vous présentez des arguments pour convaincre un(e) Américain(e) sceptique que les truffes sont un produit de luxe sans pareil et vous lui expliquez comment les utiliser dans la cuisine.
2. Expliquez à un visiteur (une visiteuse) américain(e)—qui vous pose des questions—comment on trouve et dégage les truffes. Jouez le rôle de l'agriculteur.

Discutons

1. On parle des truffes dans cet article. Quand vous pensez aux Français, à quels autres produits gastronomiques dc luxe pensez-vous? Et par contre, quelles sont, à votre avis, des spécialités gastronomiques typiquement américaines?
2. Pour certain connaisseurs, les truffes sont vraiment des diamants noirs. Quelle spécialité gastronomique constitue pour vous un produit de luxe? Discutez vos préférences avec un(e) camarade.
3. Dans quels plats avez-vous goûté des truffes? Quelles autres spécialités gastronomiques françaises connaissez-vous?

3

Ne secouez° pas votre serviette

secouer (written above)
shake (written above)

Pour mieux comprendre: «**Ne secouez pas votre serviette**»; the title of this reading, is in the form of a command indicating to the reader a point of French etiquette with which foreigners may not be familiar. The use of the command form is in fact a clue that the essence of this article is a series of directives on «**le savoir-vivre**» in France. To follow the main lines of thought, watch for these directives, taking note of the different ways in which they are expressed: by a direct command, as in the title; by forms of the expression **il faut** or the verb **devoir;** by use of the impersonal subject pronoun **on** with verbs. Then see if you can, in turn, summarize in your own words the advice offered a would-be dinner guest in France.

En France, faites comme les Français...

«Ne secouez pas votre serviette! Votre pain est parfois dedans!»
C'est un conseil° donné chaque automne aux Américains venus à
Paris. Dans un cours° sur le «savoir-vivre»° en France, ils
découvrent que le mode de vie français est souvent très différent
du leur. Si par exemple vous êtes invité à dîner dans une famille
française, voici quelques conseils pour éviter un faux pas :

▼ On doit offrir un petit cadeau à son hôtesse, d'habitude des
fleurs, mais jamais de chrysanthèmes, car en France le chrysan-
thème c'est la fleur des morts.

▼ Quand vous entrez dans la maison, la première des choses à
faire c'est de serrer la main° à tout le monde. Si vous ne connaissez pas certaines personnes, en leur serrant la main vous vous
présentez.

▼ On prend l'apéritif°—un seul d'habitude—et on passe à
table.° On prend sa serviette mais attention : «ne la secouez pas,
votre pain est parfois dedans», surtout s'il s'agit d'un grand
dîner.

▼ Les plats sont servis dans l'ordre suivant: un hors-d'œuvre
froid ou chaud, le plat principal, et après, la salade, à l'inverse des
habitudes américaines. «Il ne faut jamais couper la salade; si les
feuilles sont trop grandes, il faut les plier.°»

une leçon donnée par un
professeur
les bonnes manières

serrer la main

boisson alcoolisée qui ouv
l'appétit
on va s'asseoir à table

mettre en double

▼ Ensuite, le fromage ou plutôt [rather] les fromages. En France, le fromage est servi avant le dessert et il y a un grand choix, mais il ne faut pas prendre plus de deux ou trois morceaux [pieces]. Avec le fromage, comme avec tous les autres plats, on boit du vin, mais vous pouvez refuser si vous voulez.

▼ Au lieu° d'un dessert sucré comme les gâteaux, les Français   °à la place de
mangent parfois des fruits, mais il faut absolument les couper avec une fourchette et un couteau. Un faux pas typiquement américain est de demander du lait avec le café qui est servi à la fin du repas. On boit juste [just] une petite tasse de café noir, «pour le goût». Car en principe, on n'a plus ni faim, ni soif! [neither no longer, nor/neither]

Adaptation d'un article du *Monde Dimanche*

Avez-vous bien lu?

Résumez brièvement les conseils qu'on donne á quelqu'un qui est invité à dîner dans une famille française. Essayez d'employer les expressions suivantes : On doit…, La première des choses à faire c'est…, On prend…, Il ne faut jamais…, Il ne faut pas…, Il faut absolument…, On boit…

On doit… → On doit offrir un petit cadeau à son hôtesse.

Exercices

Vrai ou faux?

Est-ce que vous pouvez passer maintenant pour un(e) vrai(e) Français(e) à table? Dites vrai ou faux aux déclarations suivantes. Corrigez le sens de la déclaration s'il est faux.

1. On doit offrir un petit cadeau à son hôtesse.
2. Vous vous présentez aux personnes que vous ne connaissez pas en leur serrant la main.
3. On prend plusieurs apéritifs avant de passer à table.
4. Il faut couper la salade si les feuilles sont trop grandes.

5. Il ne faut pas prendre plus de deux ou trois morceaux de fromage.
6. Le café est servi avec le dessert.

Questions

1. Pourquoi donne-t-on le conseil : «Ne secouez pas votre serviette»?
2. Pourquoi n'offre-t-on pas de chrysanthèmes à son hôtesse en France?
3. Quelle est la première chose qu'on doit faire quand on entre dans une maison française?
4. Dans quel ordre sont servis les plats dans un dîner (ou un repas) français?
5. Quand est-ce que le fromage est servi?
6. Comment est-ce qu'on mange les fruits à table? La salade?
7. Quel est le faux pas typiquement américain que l'on fait souvent à la fin du repas?

Scène à jouer

Imaginez que vous enseignez un cours sur le savoir-vivre aux États-Unis. Donnez des conseils à des étrangers invités à dîner dans une famille américaine. Dites ce qu'on fait et ce qu'on ne fait pas. Les conseils présentés dans le texte peuvent vous servir de modèle. Vous pouvez travailler avec un(e) autre étudiant(e) et présenter vos conseils à la classe.

Discutons

1. Comparez ce dîner français à un dîner américain (l'ordre des plats, la nourriture,?).
2. Qu'est-ce que vous prenez en général pour le dîner?
3. Racontez une petite histoire (personnelle ou imaginaire), une plaisanterie ou un commentaire que vous avez entendu sur un faux pas fait à table.
4. Voir la source de cet article (*Le Monde Dimanche*). A qui est-il destiné? Pourquoi est-ce qu'un Français s'intéresserait à cet article?

4

Taxi! Taxi!

Pour mieux comprendre: This article on Parisian taxis is clearly divided into five sections, besides the introduction, each vividly illustrated. In a case such as this, the illustrations can assist you directly in anticipating and grasping the content of the reading. If you take a minute to consider what is going on in each illustration before reading the question-and-answer text that follows, you will be well on your way to determining the topic of each section. In fact, why don't you see if on the basis of each illustration alone you can determine the question about Parisian taxis that is about to be taken up?

Il y a à peu près° quinze mille taxis à Paris. Est-ce peu ou beaucoup?

    C'est peu : un taxi pour huit cents habitants n'est pas suffisant,° même si seulement 4 pour cent des Parisiens prennent régulièrement un taxi.

    Aujourd'hui, les taxis sont en difficulté. Entre deux mille et trois mille restent chaque jour au garage parce qu'ils n'ont pas de conducteur. On a baissé° récemment l'âge minimum des conducteurs de vingt et un à dix-neuf ans, mais les jeunes ne veulent pas devenir chauffeur de taxi.

    Ils ont peur de l'examen.° Un candidat doit être capable de situer immédiatement près de huit cents rues et cent soixante-dix monuments. Et puis, il doit connaître parfaitement tous les règlements° qui le concernent. Voici quelques exemples.

approximativement

assez

diminué

test

code légal

Quinze taxis attendent en file. Est-on obligé de prendre le premier?

En général, oui. On prend le premier, car celui-ci attend depuis plus longtemps que les autres.

Si le client et le chauffeur ne sont pas d'accord sur le chemin° à suivre, qui doit avoir le dernier mot?

route

Le client. Les chauffeurs doivent conduire les voyageurs à leur destination par le chemin le plus direct, sauf° si le passager lui dit de suivre un autre chemin. Le chauffeur peut suggérer un chemin qui est plus long mais plus rapide.

excepté

Le chauffeur peut-il refuser de prendre un client parce qu'il a trop bu?

Oui. Les chauffeurs ne sont pas obligés de prendre les individus qui sont ivres.° Pour les gens ivres, la situation est inextricable. Ils ne peuvent pas conduire leur propre voiture, les taxis ne sont pas obligés de les prendre et à pied ils peuvent être arrêtés pour ivresse publique!

qui... qui ont trop bu

Le pourboire° est-il obligatoire? Combien doit-on donner : 10 pour cent, 15 pour cent, ou ce qu'on veut?

argent qu'on donne pour un service

Le chauffeur ne peut pas demander de pourboire, mais il peut l'accepter. Généralement, on donne entre 10 pour cent et 20 pour cent.

Un chauffeur peut-il refuser de prendre le chien d'un passager?

Oui. Il n'est pas obligé de transporter un voyageur accompagné d'un animal. Et s'il accepte de le faire, il peut poser des conditions. Par exemple, si un client veut monter dans son taxi avec un chien énorme, il peut lui demander de payer pour son ami.

Adaptation d'un article de *Paris Match*

Avez-vous bien lu?

Avez-vous bien regardé les illustrations de cet article? (1) Maintenant que vous avez lu l'article, essayez de considérer de nouveau chaque illustration. Indiquez ce que vous y voyez aussi bien que la question qu'elle vous suggère. Par exemple, à propos de la première, on peut dire : Il y a trois personnes qui vont prendre un taxi, mais chacune préfère un taxi différent. Lequel doit-on prendre? (2) Ensuite, dites si votre analyse correspond bien aux idées exprimées dans le texte lui-même. Par exemple, à propos de la première illustration, on peut dire : L'analyse de l'illustration correspond bien au texte, qui explique qu'on est libre de choisir son taxi quand il y en a plusieurs qui attendent en file. (3) Enfin, inventez une petite histoire pour chaque illustration.

Exercices

Synonymes

Trouvez un synonyme.

> **C'est un bon *conducteur*.   C'est un bon *chauffeur*.**

1. Il a peur *du test*.
2. Elle connaît *le chemin*.
3. Il m'a conduit ici. Je lui donne *de l'argent pour ce service*.
4. Ce monsieur *a trop bu*.
5. Le chauffeur a déjà deux *passagers*.

Antonymes

Trouvez un antonyme.

> **Il y a *beaucoup* de taxis. → Il y a *peu* de taxis.**

1. Le taxi bleu est le *dernier* de la file.
2. Le pourboire est *insuffisant*.
3. Le chauffeur *refuse* de prendre le chien.
4. Le nombre de taxis *a augmenté*.
5. Suis-je *libre* de le prendre?

Vrai ou faux?

Corrigez le sens (la signification) de la phrase, s'il est faux.

1. Les chauffeurs de taxi doivent prendre le chemin le plus direct.
2. Les chauffeurs de taxi doivent prendre les clients qui sont ivres.
3. Les chauffeurs de taxi sont obligés de transporter les chiens.
4. Les clients doivent prendre le premier taxi de la file.
5. Les clients sont obligés de donner un pourboire.

Questions

1. Les Parisiens prennent-ils souvent un taxi?
2. Y a-t-il trop de taxis à Paris?
3. Pourquoi est-ce que les taxis sont aujourd'hui en difficulté?
4. Quel est l'âge minimum d'un chauffeur de taxi?
5. Qu'est-ce qu'on doit savoir si on veut devenir chauffeur de taxi à Paris?

Scènes à jouer

Imaginez que l'un(e) d'entre vous est chauffeur de taxi et l'autre un passager (une passagère). Jouez les scènes suivantes :

1. Le passager a trop bu et essaie de persuader le chauffeur de le prendre. Le passager suggère qu'en réalité il n'est pas ivre. Il parle aussi de sa situation pitoyable : personne ne veut le prendre; il ne peut pas conduire; il ne peut pas rester dans la rue. Cependant, le chauffeur refuse de le prendre.
2. Le passager veut suivre le chemin habituel, mais le chauffeur lui suggère un chemin plus long mais plus rapide. Ni l'un ni l'autre ne veut céder, et ils finissent par se fâcher tous les deux. Enfin, le passager a le dernier mot. Utilisez un plan de Paris dans votre discussion.
3. Le passager veut monter avec un chien énorme. Le chauffeur accepte, mais il pose certaines conditions.
4. Trois personnes doivent prendre un taxi, mais chacune veut aller dans un taxi différent. On discute du problème et finit par trouver une solution acceptable.

Discutons

1. Est-ce que vous prenez souvent un taxi? Pourquoi, ou pourquoi pas?
2. Est-ce que les règlements qui concernent les taxis parisiens diffèrent des règlements qui concernent les taxis dans votre ville?
3. Est-ce que l'examen pour ceux qui veulent devenir chauffeur de taxi vous semble trop difficile? Expliquez votre réponse.
4. À votre avis, quels rues, monuments et établissements faut-il connaître dans votre ville si on veut être chauffeur de taxi?

5

Êtes-vous écolo?[1]

▼

Pour mieux comprendre: The comic strip (**bande dessinée**, or **B.D.**) is a form of popular culture in France, and the best cartoonists—among them, **Jacques Faizant**—are appreciated for their varied social commentary. Here, the subject is the ecology movement and its advocates, **les écolos.** The cartoonist's medium is necessarily so streamlined that you will want to pay close attention not only to what is explicitly and amusingly stated, but also to what is implicit in his presentation. For example, are there conclusions to be drawn from the appearance of the various characters? How do their spoken lines strike you, aside from the obvious humorous aspect? In short, what questions should we ask ourselves regarding this encounter of **l'écolo** and two vacationers in order to grasp Faizant's full message?

Depuis que l'écologie préoccupe les Français, ils sont de plus en plus conscients de la pollution. Mais tout le monde ne considère pas le problème du même œil°, ainsi, par exemple...

°de la même façon

déchets nucléaires ~ Nuclear waste
charbon ~ coal
l'énergie solaire
éolienne ~ wind
géothermique
hydraulique
une hélice ~ wind propellers

pollue : du verbe *polluer*

l'haleine : respiration

la laque : produit pour faire tenir les cheveux

la couche d'ozone : gaz qui entourne la planète et protège l'atmosphère

l'accoutrement : habillement ridicule

le paysage : l'environnement

Maimaine : terme diminutif pour Germaine

Bande dessinée de Jacques Faizant dans *Le Point*

Avez-vous bien lu?

Vous êtes-vous amusé(e) en lisant cette bande dessinée? Vous avez sans doute bien compris les accusations de l'écolo et la réaction de l'homme qui est avec sa femme à la plage. Mais est-ce qu'il y a d'autres idées implicites, dans cette B.D., que veut nous suggérer Jacques Faizant? Commencez à la considérer de ce point de vue, en répondant aux questions suivantes :

1. Décrivez l'apparence des personnages dans cette bande dessinée. Est-ce que ce sont des gens typiques ou des personnages exagérés? Expliquez.

2. Les accusations de l'écolo sont évidemment amusantes. Pourquoi? Considérez si tout ce qu'il dit vous semble juste et raisonnable.

3. Que pensez-vous de la réaction de l'homme après le départ de l'écolo? Sa remarque suggère que tout le monde ne considère pas le problème de la pollution du même œil. Expliquez.

Exercices

Questions

1. Résumez les accusations faites par l'écolo.
2. Comment réagit l'homme sur la plage aux accusations de l'écolo?

Scènes à jouer

1. Trois étudiants peuvent jouer les rôles de l'écolo et du couple. Il y a une nouvelle rencontre sur la plage. Cette fois-ci, c'est le couple qui fait des accusations et l'écolo qui répond. On l'accuse :

   ▼ de manquer de politesse
   ▼ de les avoir tourmentés
   ▼ d'avoir tort
   ▼ de ne pas être raisonnable
   ▼ d'être ennuyeux
   ▼ de polluer leurs vacances
   ▼ ?

2. Vous êtes aussi en vacances, et vous avez l'occasion de parler à l'écolo et au couple après leur rencontre. L'écolo vous décrit le couple—leur apparence, ce qu'ils font, etc.—et vous lui posez des questions. À son tour, le couple vous parle de la rencontre avec l'écolo et de leurs réactions.

Points de vue

1. Comment, à votre avis, est-ce que l'écolo peut polluer les vacances du couple?
2. Qui vous semble avoir raison, l'écolo ou l'homme qui croit que l'écolo va polluer ses vacances? Quel personnage vous semble le plus sympathique?

3. Jacques Faizant se moque dans cette B.D. de l'écolo et du couple auquel il s'adresse. Expliquez. Quels grands thèmes de la vie contemporaine Faizant veut-il nous suggérer à travers cette rencontre?

Discutons

1. Lisez-vous les B.D.? Pourquoi, ou pourquoi pas? Quelle est votre bande dessinée favorite?
2. Imaginez que vous êtes dessinateur et que vous faites une B.D. Quel type de bande dessinée est-ce que vous faites? une B.D. amusante? satirique? intellectuelle? Expliquez votre réponse.
3. Racontez des souvenirs de plage personnels (a) calmes, (b) amusants, (c) rendus désagréables par l'ambiance.

6

L'astrologie envahit tout

▼

Pour mieux comprendre: «**Quel est votre signe?**» asks the writer of this article, pointing out immediately the principal reason for most people's interest in astrology: they are interested in their own astrological sign and the significance that its corresponding horoscope may have for them. It is possible that you will approach this article with a personal rather than a general interest, and you may therefore find scanning to be your best reading strategy. This means that, having read the introductory paragraphs, you will want to look rapidly at key words only—in this case the headings, which are the names of the astrological signs—until you come to the section of personal interest. Having found your own sign, you might wish to read that section with care, so that you can answer in some detail the question «Quel est votre signe?»

«Quel est votre signe?» Impossible d'échapper à° cette question. L'astrologie est partout, dans la presse, à la radio, à la télévision, et naturellement dans toutes les conversations. Elle se mêle de° tout : de recrutement du personnel, de la date des mariages, et même de politique. «Je ne suis pas Madame Soleil°» a déclaré un jour Georges Pompidou.

    Les chiffres attestent du pouvoir de l'horoscope sur la vie quotidienne° des Français. Selon un sondage,° 90% des personnes interrogées connaissent leur signe, 60% lisent leur horoscope tous les jours et 5% consultent un astrologue une fois par an. L'horoscope par téléphone, lancé° récemment, reçoit 12 000 appels par jour à Paris seulement. En effet, l'astrologie prospère encore.

échapper... éviter

se... s'introduit dans

une astrologue connue à la
  radio

de tous les jours/
  questionnaire

introduit

Mais jusqu'à quel point est-ce qu'on y croit? Il y a ceux qui y croient à la lettre° et les autres qui y croient plus ou moins.   à... mot pour mot
Mais ce qui est certain, c'est que l'astrologie est, plus que jamais, prise au sérieux par une importante fraction de la population française. Témoin° de son temps, le *Petit Larousse* a modifié sa   spectateur
définition de l'astrologie. Le mot «superstition» a depuis longtemps disparu et la nouvelle définition s'est transformée en : «art de prédire les événements d'après l'inspection des astres°».   étoiles

Superstition? Art? Science?

À vous de décider!

Adaptation d'un article du *Point*

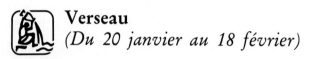

Verseau
(Du 20 janvier au 18 février)

- **Élément :** air.
- **Couleur :** violet.
- **Traits dominants :** sagesse, délicatesse, mysticisme, altruisme, imagination, grandeur, timidité, indolence, entêtement.°   obstination
- **Accords** avec le Bélier, le Sagittaire, le Capricorne, la Balance.
- **Vos numéros de chance :** 2–10–24–28–41–49

Poissons
(Du 19 février au 20 mars)

- **Élément :** eau.
- **Couleur :** bleu.
- **Traits dominants :** sensualité, multiplicité, inspiration, susceptibilité, indécision, égoïsme.
- **Accords** avec le Cancer, le Capricorne, le Verseau.
- **Vos numéros de chance :** 3–11–21–29–40–44

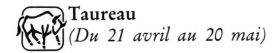 **Bélier**
(Du 21 mars au 20 avril)

- **Élément :** feu.
- **Couleur :** rouge.
- **Traits dominants :** impétuosité, agressivité, rapidité, fidélité, surémotivité, obstination, absolutisme.
- **Accords** avec les Gémeaux, le Sagittaire, le Lion.
- **Vos numéros de chance : 5–16–22–31–43–48**

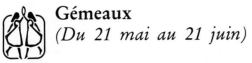 **Taureau**
(Du 21 avril au 20 mai)

- **Élément :** terre.
- **Couleur :** vert émeraude.
- **Traits dominants :** tendre, généreux, persévérant, courageux, violent, exclusif, charnel.°
- **Accords** avec le Scorpion, la Vierge, le Capricorne.
- **Vos numéros de chance : 7–18–21–34–37–45**

qui aime les plaisirs physiques

 Gémeaux
(Du 21 mai au 21 juin)

- **Élément :** air.
- **Couleur :** gris clair.
- **Traits dominants :** ambiguïté, charme, sociabilité, versatilité, esprit superficiel.
- **Accords** avec le Bélier, le Cancer, le Lion.
- **Vos numéros de chance : 7–12–17–25–36–47**

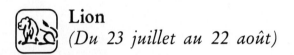

Cancer
(Du 22 juin au 22 juillet)

- **Élément :** eau.
- **Couleur :** blanc.
- **Traits dominants :** charme, rêverie, romantisme, narcissisme, passivité, indolence, caprice.°   qui change souvent d'envie
- **Accords** avec le Taureau, le Scorpion, le Verseau.
- **Vos numéros de chance : 1–13–22–26–33–46**

Lion
(Du 23 juillet au 22 août)

- **Élément :** feu.
- **Couleur :** jaune orangé.
- **Traits dominants :** force, passion, générosité, pouvoir, orgueil,° snobisme, tyrannie.   estime excessive de soi-même
- **Accords** avec le Bélier, les Gémeaux, le Sagittaire, le Capricorne.
- **Vos numéros de chance : 2–6–19–30–38–44**

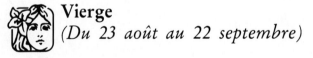

Vierge
(Du 23 août au 22 septembre)

- **Élément :** terre.
- **Couleurs :** blanc, rouge.
- **Traits dominants :** simplicité, élégance, observation, discrétion, organisation, méthode, précision, hypersensibilité, anxiété.
- **Accords** avec le Taureau, la Balance, le Capricorne.
- **Vos numéros de chance : 8–13–26–31–42–47**

Balance
(Du 23 septembre au 22 octobre)

- **Élément :** air.
- **Couleurs :** rose, bleu gris, vert et jaune pâle.
- **Traits dominants :** altruisme, sentimentalité, intelligence, mesure, scepticisme, méfiance,° timidité.   ° tendance à ne pas croire
- **Accords** avec les Gémeaux, le Lion, la Vierge, le Verseau.
- **Vos numéros de chance :** 2–14–23–32–38–44

Scorpion
(Du 23 octobre au 21 novembre)

- **Élément :** eau.
- **Couleur :** rouge.
- **Traits dominants :** intelligence, sensualité, combativité, dévouement, angoisse, jalousie destructive, difficulté d'être.
- **Accords** avec le Taureau, le Capricorne, le Cancer.
- **Vos numéros de chance :** 4–9–20–27–39–48

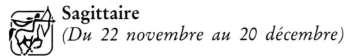 **Sagittaire**
(Du 22 novembre au 20 décembre)

- **Élément :** feu.
- **Couleur :** pourpre.
- **Traits dominants :** instinctif, secret, psychologie, courage, ardeur, fatalisme, rébellion.
- **Accords** avec le Bélier, le Lion, la Balance, le Verseau.
- **Vos numéros de chance :** 3–15–19–26–35–45

Capricorne
(Du 21 décembre au 19 janvier)

- **Élément :** terre.
- **Couleur :** noir.
- **Traits dominants :** ambitieux, obstiné, difficile, secret, généreux, juste, efficace.°   bien organisé
- **Accords** avec la Vierge, le Taureau, le Scorpion.
- **Vos numéros de chance :** 4–14–15–22–36–46

Adaptation d'un article du *Provençal*

Avez-vous bien lu?

Avez-vous trouvé votre signe? Quels sont les traits dominants qu'il vous attribue? Maintenant, cherchez de la même façon les signes qui doivent être compatibles, puis lisez ces sections attentivement, en notant les traits dominants. Enfin, lisez tout l'article afin de le considérer dans son ensemble.

Exercices

Familles de mots

sagesse → sage   mysticisme → mystique   observation → observateur

grandeur	obstination	caprice
entêtement	tendresse	snobisme
indécision	discrétion	tyrannie
sensualité	courage	méthode
égoïsme	sociabilité	anxiété
impétuosité	ambiguïté	

Vrai ou faux?

Jugez la vérité des observations suivantes. Corrigez celles qui sont fausses.

1. Le Verseau manque de mysticisme et d'altruisme. Il est stupide.
2. Le Poisson est plutôt sensuel et n'est pas très décidé.
3. Le Bélier est loyal et entêté.
4. Le Taureau est inconstant, peureux et paisible.
5. Les Gémeaux sont sincères mais tendent à être désagréables.
6. Le Cancer est travailleur, réaliste et agressif.
7. Le Lion est fort, engagé, fier et arrogant.
8. La Vierge est compliquée, paisible et indiscrète.
9. La Balance est égoïste, stupide et crédule.
10. Le Scorpion est vif, dévoué et jaloux.
11. Le Sagittaire est ouvert, timide et passif.
12. Le Capricorne est mal organisé.

Scènes à jouer

1. Vous consultez un astrologue, joué par un(e) autre étudiant(e). Vous lui posez des questions—à propos de votre propre personnalité ou de vos rapports avec les autres, par exemple. "L'astrologue," qui sait votre signe, essaie de vous réondre.
2. Un(e) étudiant(e) va prétendre croire à l'astrologie à la lettre. Un(e) autre joue le rôle de quelqu'un qui n'y croit pas. Le premier (La première) explique comment il (elle) cherche des conseils astrologiques à des moments importants. Le (La) deuxième lui exprime ses doutes á ce sujet.

Points de vue

1. Trouvez-vous que votre signe vous décrit bien? Pourquoi, ou pourquoi pas? Considérez en particulier les traits dominants de votre signe et vos numéros de chance.
2. Quels sont les signes qui s'accordent avec le vôtre? Est-ce que ces autres signes vous semblent vraiment compatibles? (Pour répondre, vous pouvez considérer en particulier les traits dominants des signes compatibles.)
3. Regardez le signe d'un(e) de vos ami(e)s. Est-ce qu'il correspond bien à sa personnalité? Sur quels points?

4. Indiquez á un(e) camarade de classe quels sont en réalité vos traits dominants. Il (Elle) va à son tour essayer de deviner votre signe.

5. Trouvez un(e) camarade de classe qui est, selon l'article, compatible. Discutez vos goûts, habitudes et préférences pour voir si c'est vrai.

Discutons

1. Est-ce que vous lisez parfois les conseils astrologiques des journaux? Si vous les suivez, quels sont les plus importants pour vous? Pourquoi?

2. L'astrologie prospère encore. Pourquoi, à votre avis? Pouvez-vous citer des cas où un(e) ami(e) ou une personne célèbre a consulté un astrologue?

3. Qu'est-ce que l'astrologie, à votre avis? un art? une superstition? une science? Expliquez votre réponse.

4. Quel rôle est-ce que la superstition joue dans votre vie? Donnez quelques exemples.

7

Carnac

Pour mieux comprendre: This selection talks about the important archeological site, Carnac, in Brittany (**la Bretagne**) where mysterious configurations of sizeable stones called **menhirs** are found. Factual information—and some legendary speculation—are presented in the four fairly short, dense paragraphs. One way you can make sure that you are grasping the essentials of an informative text such as this is to see whether you can summarize in a few words the main idea of each paragraph as you read. It is helpful to imagine, for example, that you must create a suitable subtitle to head each paragraph as you go along.

Dans le sud-ouest de la Bretagne, près de la mer, se trouve un des sites archéologiques les plus importants de France. C'est là, près de la ville de Carnac, que se dressent° ces grosses pierres appelées menhirs. Dans un seul groupe il y en a plus de onze cents, debout, formant de longues avenues. Les plus petites pierres n'ont qu'un mètre de haut; les plus grandes en ont généralement quatre.

se... se tiennent debout

Qui a élevé ces milliers° de pierres? La légende dit que c'est Saint Cornély qui, après avoir traversé l'Europe poursuivi par des soldats ennemis, est enfin arrivé à la mer. Il a regardé les soldats qui s'approchaient° et a fait le miracle de les changer en pierre. Les soldats de pierre restent debout depuis ce temps-là. Seulement chaque année, la veille° de Noël, ils redeviennent des hommes et descendent un peu plus vers la mer.

plus de mille

venaient plus près

le soir avant

Voilà la légende. En fait,° on sait que ce sont des hommes qui ont élevé les menhirs. On sait aussi que l'orientation des avenues correspond au lever et au coucher du soleil au moment des solstices, formant ainsi une sorte de calendrier. Et on pense maintenant que les menhirs jouaient un rôle important dans les cérémonies des peuples de la préhistoire.

en... à vrai dire

Voilà à peu près tout ce qu'on sait. La date des travaux de ces bâtisseurs reste un mystère. Certains uns disent qu'ils vivaient il y a plus de onze mille ans; d'autres croient qu'ils ont fait leur travail il y a moins de deux mille ans. Mais c'est probablement pendant l'âge des métaux, peut-être deux mille ans avant J.-C. Cette date correspond à celle de Stonehenge, un site similaire en Angleterre.

Adaptation d'un article de *TOP*

Avez-vous bien lu?

Imaginez que chaque paragraphe de *Carnac* a son propre sous-titre. Des possibilités sont données ci-dessous. Indiquez le meilleur choix pour chaque paragraphe :

here below

1er paragraphe : → *Un des sites archéologiques les plus importants de France*

2ème paragraphe : _____

3ème paragraphe : _____

4ème paragraphe : _____

▼ De grosses pierres appelées menhirs
▼ Un des sites archéologiques les plus importants de France
▼ Des soldats de pierre
▼ La légende des pierres 2
▼ Tout ce qu'on sait à propos des menhirs
▼ Des hommes ont élevé les menhirs 3
▼ La date des travaux des bâtisseurs des menhirs 4
▼ On a probablement élevé les menhirs pendant l'âge des métaux

Exercices

Synonymes

La date des travaux *n'est pas connue.* → La date des travaux *reste un mystère*.

1. Le saint a *transformé* les soldats en pierre.
2. Les menhirs *se tiennent debout* près de la ville de Carnac.
3. A *vrai dire*, c'est à peu près tout ce qu'on sait.
4. Les menhirs jouaient un rôle dans leurs *rites*.
5. *Pas loin* de la mer se trouve un site archéologique.

Vrai ou faux?

1. Ce site archéologique est loin de toute ville.
2. Toutes les pierres ont un mètre de haut.
3. La légende dit que Saint Cornély a changé des soldats en pierre.
4. Ce sont des soldats qui ont élevé les menhirs.
5. L'orientation des pierres ne signifie rien.
6. La date précise de la construction des avenues de menhirs est connue.
7. Le site près de Carnac est probablement aussi vieux que celui de Stonehenge.

Questions

1. Où se trouve Carnac?
2. Qu'est-ce que c'est qu'un menhir?
3. Combien de menhirs y a-t-il à Carnac?
4. Carnac ressemble à quel site en Angleterre?
5. Quelle est la légende de Carnac?
6. Pourquoi a-t-on élevé les menhirs?
7. Quelle date donne-t-on pour la construction de Carnac et de Stonehenge?

Points de vue

1. Résumez la légende de Saint Cornély, qui, dit-on, a changé des soldats en pierre. Pouvez-vous imaginer les origines de cette légende? La trouvez-vous intéressante? charmante? ridicule? Expliquez votre réponse.

2. Décrivez en détail les monuments préhistoriques bretons: expliquez ce que c'est qu'un menhir, un mégalithe, un alignement et un dolmen. Si c'est possible, montrez à la classe des illustrations de ces monuments.

3. Faites des recherches sur un sujet qui vous intéresse concernant la Bretagne. Par exemple, vous pouvez vous renseigner sur son histoire celtique, sur la langue bretonne ou sur les fêtes et les traditions bretonnes. Présentez vos recherches à la classe.

Discutons

1. Connaissez-vous d'autres légendes qui expliquent des phénomènes comme Carnac? Racontez-en une à la classe.

2. Parlez d'un endroit mystérieux et très spécial que vous avez visité.

3. Imaginez les conclusions tirées par nos descendants dans 5 000 ans d'après leur découverte des ruines de Disneyland.

8

Aix-en-Provence

Pour mieux comprendre: Even before you begin this reading, you may well be aware that **Aix-en-Provence** is a city of longstanding cultural and historical importance located in **Provence** in the South of France. You may not necessarily be familiar, however, with all of the specific information that this article includes, and it can therefore be useful to anticipate in a general way its probable subject matter. What topics, for example, might you expect to encounter in an article introducing Aix? Formulating and holding your expectations in mind is another way in which you can begin to orient yourself to an article and its content.

«À Aix, tous les étudiants sont amoureux : du moins il me semble»,° dit un visiteur de passage en voyant se promener les étudiants sur le Cours Mirabeau. En tout cas, les jeunes qui fréquentent l'université d'Aix-en-Provence donnent l'impression d'être heureux dans cette petite ville du Midi, où chaque année, dans cette ambiance agréable, de nombreux étrangers viennent perfectionner leur français.

il... je crois

Cette ville a tout pour plaire! Connue comme le Versailles de la Provence, Aix possède des trésors d'architecture. Ainsi, en buvant son café à une terrasse du Cours Mirabeau, on peut contempler les façades des XVIIᵉ et XVIIIᵉ siècles et les gracieuses fontaines. Elles rappellent que l'endroit, depuis l'époque romaine, est également renommé pour ses cures d'eaux thermales.°

cures... traitements à base d'eaux

La splendeur de sa lumière et son ciel bleu ont toujours fait d'Aix un lieu de séjour° favori des artistes. Le grand peintre Cézanne (1839–1906) est sans doute un des plus illustres enfants d'Aix. Il y a peint plusieurs tableaux de la montagne Sainte-Victoire,* qui domine tout le paysage de la campagne aixoise. On peut toujours visiter sa maison, préservée près du centre ville.

lieu... endroit où l'on passe un certain temps

En été, Aix accueille° un festival de musique si apprécié qu'il faut réserver ses places plusieurs mois à l'avance. En juin d'abord, la musique «descend dans la rue». Des musiciens jouent gratuitement du jazz, de la musique contemporaine ou folklorique. En juillet ces concerts sont remplacés par le Festival International d'Opéra et de Musique de Chambre.

donne l'hospitalité à

Un autre spectacle, non moins intéressant, se passe° tous les matins au marché en plein air. «Venez voir les belles tomates du pays! Cinq francs le kilo! Achetez ici, mademoiselle, goûtez les olives. Vous avez un grand choix.» On trouve sur ce marché tous les produits typiques de la région—l'ail, la lavande, le miel— aussi bien qu'une grande variété de légumes et de fruits; bref,

se... a lieu

ail   lavande   miel

*Malheureusement, la montagne Sainte-Victoire a été ravagée pendant l'été 1990 par un terrible incendie.

tout ce qu'il faut pour «se régaler»,° comme disent les
Provençaux.°

Ville où les traditions ne disparaîtront pas facilement, Aix
est vieille par son passé, jeune par son présent.

D'après les dépliants touristiques de la ville d'Aix

se... bien manger/
habitants de la Provence

Avez-vous bien lu?

Vous connaissez mieux maintenant la ville d'Aix-en-Provence. Avez-vous bien prévu, en général, les sujets principaux que présente l'article? Pour vérifier vos connaissances, développez chaque idée générale indiquée ci-dessous en ajoutant des faits que vous venez d'apprendre.

> **Un visiteur d'Aix-en-Provence remarque que tous les jeunes semblent être heureux. →**
> **1. Tous les étudiants qui fréquentent l'université d'Aix-en-Provence donnent l'impression d'être amoureux.**

C'est une ville qui a eu tout pour plaire pendant des siècles.

1. _____
2. _____

C'est un lieu de séjour pour les artistes et les musiciens.

1. _____
2. _____
3. _____

Il y a un autre spectacle qui se passe tous les matins en plein air.

1. _____

Exercices

Synonymes

1. Aix-en-Provence est une jolie ville du *sud de la France*.
2. Ceux qui ont la chance de goûter la cuisine provençale *mangent bien*.
3. Les artistes aiment bien faire visiter leurs *lieux de travail*.
4. Les spectacles *ont lieu* le soir pendant le festival.
5. Aix est une ville très appréciée des *habitants de la Provence*.

Questions

1. Y a-t-il beaucoup d'étudiants étrangers à Aix? Pourquoi?
2. Pour quelles raisons Aix est-elle connue comme le Versailles de la Provence?
3. Y a-t-il des fontaines? Comment sont-elles? Pourquoi la ville d'Aix était-elle renommée à l'époque romaine?
4. Qui est l'un des artistes les plus illustres d'Aix? Qu'est-ce qu'il a fait dans son atelier? Où est-il situé?
5. Que se passe-t-il à Aix chaque été qui est très apprécié du public?
6. Où se passe un autre spectacle tous les matins, à Aix? Comment est-ce que le marché est aussi un spectacle?
7. Qu'est-ce qu'on trouve au marché «pour se régaler», comme disent les Provençaux?

Scènes à jouer

1. Imaginez que vous êtes étudiant(e) à l'université d'Aix-en-Provence. Essayez d'expliquer à un visiteur (une visiteuse) de passage, joué(e) par un(e) autre étudiant(e), pourquoi cette ville semble avoir tout pour plaire. Imaginez que le visiteur (la visiteuse) est amateur d'histoire, artiste, musicien(ne) ou touriste. Le visiteur (la visiteuse) vous pose beaucoup de questions.
2. Vous passez l'été à Aix et vous voulez aller, avec un(e) ami(e) français(e), au marché, pour acheter tout ce qu'il faut pour vous «régaler». Vous voulez aller au marché en plein air; votre ami(e) préfère le supermarché. Vous parlez des avantages et des inconvénients des deux et vous arrivez à une décision.

Discutons

1. Racontez une visite que vous avez faite à un marché en plein air. Quels sont, à votre avis, les avantages et les inconvénients d'un marché en plein air? d'un supermarché?
2. Chaque année de nombreux étrangers viennent perfectionner leur français à Aix. À votre avis, est-il nécessaire pour un(e) étudiant(e) de vivre en France pour bien apprendre la langue?
3. En été il y a à Aix un Festival de musique très apprécié. Est-ce que vous préférez visiter la ville en juin quand les musiciens jouent gratuitement dans la rue du jazz, de la musique contemporaine ou folklorique? Ou est-ce que vous préférez le Festival International d'Opéra et de Musique de Chambre en juillet? Expliquez votre choix en parlant de vos propres goûts.

9

La Haute Cuisine présidentielle

Pour mieux comprendre: Looking at the title «**La Haute Cuisine présidentielle**», you will probably realize that you have at least some very broad knowledge related to the topic. On the one hand, you are undoubtedly familiar from your own experience with some of the connotations of **la haute cuisine,** French cooking at its most sophisticated, as well as with a certain amount of food-related vocabulary. On the other hand, the word **présidentielle** in the title will bring to mind recent French presidents—Charles de Gaulle, Georges Pompidou, Valéry Giscard d'Estaing, and François Mitterrand—of whom you may have some knowledge. This background that you already have will assist you in reading the article, including the new material, with understanding.

Marcel Le Servot a été le cuisinier de quatre présidents de la République. Il a régné pendant vingt-sept ans sur les cuisines du Général de Gaulle (président de la République, 1959–69), de Georges Pompidou (1969–74), de Valéry Giscard d'Estaing (1974–81) et de François Mitterrand (1981–). Aujourd'hui Le Servot vient de prendre sa retraite.° «A soixante deux ans—j'ai commencé à travailler à quatorze ans—j'ai envie° de m'arrêter, de prendre le temps de pêcher, de m'occuper de ma femme, de mes enfants, petits-enfants, de ma maison.» Et il parle volontiers des années passées auprès de ces chefs d'État et de leurs familles.

«C'est surtout Mme de Gaulle qui s'occupait des menus; le Général, je l'ai vu deux ou trois fois, il était toujours tellement

prendre... cesser de travailler lorsqu'on arrive à un certain âge (l'âge de la retraite)/je souhaite, je veux

occupé. Pour composer ses menus elle s'inspirait de livres de cuisine traditionnels : celui d'Escoffier, par exemple. Le Général aimait les bons potages. Il existe bien trois cents recettes de soupes en France, plus celles de l'imagination. Il avait un bon coup de fourchette.° Mme de Gaulle essayait de le limiter un peu, mais sans succès. D'ailleurs les amateurs de soupe sont en général de gros mangeurs.»

avait... mangeait beaucoup

Georges Pompidou, qui tutoyait° son cuisinier, avait une préférence toute particulière pour les plats régionaux. «Je connaissais ses goûts, il aimait les plats riches, en sauce. Il aimait les bonnes choses. En famille c'était lui qui découpait le gigot° ou le jambon. Et il le faisait fort bien! J'ai retrouvé beaucoup de similitudes de goût chez le président Mitterrand. Son comportement à table, ses préférences sont très proches.°

disait «tu» (et non «vous») a

cuisse d'agneau

sont... se ressemblent beaucoup

«Valéry Giscard d'Estaing était le plus novateur, il aimait le changement, avec un goût particulier pour les plats délicats. On ne pouvait pas toujours savoir ce qu'il avait découvert à l'extérieur, car il connaissait les bonnes tables. Giscard et Pompidou aimaient aussi beaucoup le poisson. Ils savent tous que c'est le meilleur stimulant de la mémoire et des facultés intellectuelles, mais il ne faut pas oublier qu'à l'Élysée,° on sert surtout des repas de travail. Quand les présidents sont tranquilles, ils mangent

palais présidentiel, comme la Maison Blanche

œuf au plat   œufs brouillés

plus simplement : un œuf au plat° pour Giscard (pas d'œufs brouillés°), une sole pochée pour Pompidou, une salade et une omelette pour Mitterrand. Ce sont des gens comme vous et moi : quand ils ont trop mangé, par nécessité ils se mettent d'eux-mêmes à la diète.»

Des vingt-sept ans passés dans les cuisines des présidents, le cuisinier Le Servot garde un bon souvenir. «J'ai eu une très belle vie, j'ai vu le monde entier. J'ai rencontré des gens exception-

nels, les présidents, les ministres, les personalités. Ce sont des
hommes vraiment supérieurs, personne ne peut imaginer quelle
capacité de travail, d'adaptation, de résistance, quels emplois du
temps ils ont.» Cela ne les empêche° pas d'être toujours très
attentifs à leur table.

ne les... ne leur interdit

Adaptation d'un article *de Télé Sept Jours*

Avez-vous bien lu?

Marcel Le Servot parle des préférences culinaires de quatre présidents de la République.
Indiquez ce qu'il nous apprend à propos de chacun, en complétant les phrases suivantes :

Le Général de Gaulle aimait... → *Le Général de Gaulle aimait les bons potages.*

1. Georges Pompidou préférait...
2. Les préférences du Président Pompidou et du Président Mitterrand...
3. Valéry Giscard d'Estaing avait un goût particulier pour...
4. Les présidents mangent plus simplement quand ils sont tranquilles :

_____ pour Giscard,

_____ pour Pompidou,

_____ pour Mitterrand.

Exercices

Synonymes

Il parle des années *écoulées*. → **Il parle des années *passées*.**

1. Le président était *à tout moment* tellement occupé.
2. Il existe 300 recettes de *potages* en France.
3. J'ai retrouvé beaucoup de *ressemblances* de goût chez les présidents Mitterrand et
   Pompidou.
4. Ils se mettent d'eux-mêmes *au régime*.
5. Quand les présidents sont *à leur aise*, ils mangent plus simplement.

Questions

1. À quel âge Le Servot a-t-il commencé à travailler?
2. Pour quels présidents a-t-il travaillé?
3. Pourquoi Giscard d'Estaing et Pompidou aimaient-ils le poisson? Quelle propriété cet aliment a-t-il?
4. De quelle façon mangent les présidents quand ils sont tranquilles?
5. Comment Le Servot considère-t-il ces hommes?

Scènes à jouer

1. Vous parlez avec un(e) journaliste, joué(e) par un(e) autre étudiant(e), qui vient d'interviewer le chef cuisinier du président de la République. Vous vous intéressez aux goûts particuliers du président et de sa famille, à leur comportement à table et au choix des menus du palais présidentiel. Le (la) journaliste répond à vos questions.
2. Imaginez que vous allez préparer le dîner avec un(e) ami(e) et que vous n'êtes pas d'accord sur le menu. Vous avez tous (toutes) les deux vos propres préférences :
   ▼ Vous avez un goût particulier pour les plats riches en sauces. Vous aimez les bonnes choses.
   ▼ Votre ami(e) veut se mettre au régime. Il (elle) veut bien prendre une salade et une omelette ou un oeuf au plat.
   ▼ On finit par trouver une solution : vous allez préparer un dîner conventionnel, mais les plats seront délicats.

Discutons

1. Avant de lire cet article, comment vous êtes-vous imaginé les repas du président de la République? Maintenant, comment est-ce que vos idées ont changé? Expliquez.
2. Parlez un peu de Le Servot, qui a passé 27 ans dans les cuisines des présidents. Est-il satisfait de sa vie? Comment décrit-il les gens qu'il a connus? Qu'est-ce qu'il a envie de faire, maintenant qu'il a pris sa retraite? Quelle sorte d'homme est-ce, à votre avis?
3. Composez vous-même le menu pour le dîner dans les cas suivants :
   ▼ un dîner en famille,
   ▼ un repas de travail,
   ▼ un dîner pour des ami(e)s qui sont au régime,
   ▼ un repas pour un(e) ami(e) qui a une indigestion,
   ▼ ?

4. Dites ce que vous savez des quatre présidents mentionnés dans cet article. Présentez à la classe un petit exposé à ce sujet.

5. Parlez d'un très bon repas que vous avez mangé. Qui l'a préparé, et quelle était l'occasion?

6. Parlez d'un bon repas que vous avez préparé vous-même.

7. Parlez d'une mauvaise expérience au restaurant.

10

Les Chiens parisiens

Pour mieux comprendre: To underscore the enormous importance of dogs and the challenges they pose in Parisian daily life, this article provides some statistical information. Remember as you read that such expressions as **des centaines de..., des milliers de..., 70 millions de...,** or **1,4 milliards de...** do not necessarily have a literal English equivalent. Rather, **une centaine, un millier, un million,** and **un milliard** are successive numerical expressions of varying precision followed by the article **de** plus a noun. Some, such as **une centaine** and **un millier,** closely resemble numbers that you know well, in this case, **cent** and **mille.** You will note that actual figures are written European style: the roles of commas and periods are reversed, and a space appears between groups of three numbers. Thus, "1.4 billion francs" in English becomes **1,4 milliards de francs** in French, and the number 230,000 is written **230 000,** European style.

Les Français—qui forment un peuple tellement cultivé!
—dépensent deux fois plus d'argent pour entretenir leurs animaux domestiques que pour acheter des livres…. Et autant de
viande pour la nourriture des chiens-chats que pour celle de tous
les Espagnols humains réunis! Des centaines de tonnes de
crottes° de chiens ramassées° (ou pas) chaque matin sur les
trottoirs°, avec tous les accidents que cela entraîne pour les

excréments/enlevées

trottoir

mordu

humains qui glissent dedans—en particulier les vieillards°. Et ces
milliers d'enfants mordus° chaque année! Les 230 000 chiens
parisiens continuent de produire leurs vingt tonnes quotidiennes

personnes âgées

d'étrons°. Ces vingt tonnes-là coûtent annuellement 70 millions de francs aux Parisiens (budget total du nettoiement° de la ville de Paris : 1,4 milliards de francs). C'est le prix à payer pour une collecte qui n'a jamais trouvé de solution technique satisfaisante. Tout au long des années 80, la Mairie de Paris a créé des équipes de nettoyeurs qui circulent à bord de véhicules impressionnants, mais dont l'efficacité n'a pas encore été prouvée.

    Le problème des étrons canins tient toujours une place non négligeable dans les débats politiques, et à la Mairie de Paris on admet que le courrier des mécontents est significatif. Les déjections canines sont responsables de six cents hospitalisations par an pour chute° grave. Ils arrivent en troisième position dans les causes de pollution urbaine après les usines et les voitures. Une nouvelle loi (1986) accorde aux agents de la propreté urbaine le pouvoir de donner des contraventions° aux propriétaires de chiens qui ne ramassent pas les crottes de leurs chiens, suivant l'exemple new-yorkais où l'étron vaut 100 dollars.

    D'après un élu de la ville de Paris : «Nous espérons le même phénomène que pour les bruits de klaxon. C'était dans les années 50. Le préfet de police, enragé, avait déclaré : «Demain, les «klaxons c'est fini!» Et le lendemain, c'était fait. On s'est alors aperçu que tout le monde en avait marre°. On espère que pour les crottes de chiens il en sera de même».

Adaptation d'un article de *Libération*

crottes
action de nettoyer

action de tomber

somme à payer pour une action illégale

officiel nommé par un vote él (espérons)

en avait assez (fam)

Avez-vous bien lu?

Parlez des chiens parisiens en remplaçant les mots en italique par l'expression de quantité appropriée de la liste ci-dessous.

    1,4 milliards
    deux cent trente mille
    des milliers
    une centaine de
    70 millions

1. Les *230 000* chiens parisiens produisent vingt tonnes quotidiennes d'étrons.
2. Ces vingt tonnes d'étrons coûtent annuellement *soixante-dix millions* de francs aux Parisiens.

3. Il y a *cent* chiens, *environ*, qui habitent dans cet immeuble avec leurs maîtres.

4. Un *très grand nombre* d'enfants sont mordus chaque année.

5. Le budget total du nettoiement de la ville de Paris, c'est *1 400 000 000* de francs.

Exercices

Synonymes

Trouvez un synonyme.

> Des centaines de tonnes de crottes sont *ramassées* chaque matin sur les trottoirs.
> → Des centaines de tonnes de crottes sont *enlevées* chaque matin sur les trottoirs.

1. Les excréments des chiens constituent un problème particulier pour *les personnes âgées.*
2. À la Mairie de Paris, on admet que le courrier des *gens en colère* est significatif.
3. Une nouvelle loi *donne* aux agents de la propreté urbaine le pouvoir de donner des contraventions aux propriétaires de chiens qui ne ramassent pas les crottes.
4. Tout le monde *en a assez.*
5. Le préfet de police est lui-même *furieux.*

Questions

1. Les Français dépensent-ils plus d'argent pour entretenir leurs animaux domestiques ou pour acheter des livres?
2. Combien de crottes doit-on ramasser chaque matin sur les trottoirs?
3. Combien de chiens parisiens y a-t-il?
4. Citez quelques problèmes occasionnés par les chiens parisiens.
5. Qu'est-ce que la Mairie de Paris a essayé de faire tout au long des années 80?
6. Quel pouvoir est-ce qui qu'une nouvelle loi accorde aux agents de la propreté urbaine?

Scènes à jouer

1. Votre enfant vient d'être mordu dans un parc par un chien sans laisse. Vous en parlez au (à la) propriétaire, joué(e) par un(e) autre étudiant(e).

2. Vous n'avez pas ramassé les crottes de votre chien. Un agent de la propreté urbaine, joué par un(e) autre étudiant(e), se prépare à vous donner une contravention. Vous êtes embarrassé(e); vous fournissez des excuses; vous parlez des droits de ceux qui ont des chiens. L'agent vous écoute et vous répond, mais il vous donne une contravention.

3. Plusieurs d'entre vous sont des Parisiens furieux qui parlent au maire, joué par un(e) autre étudiant(e), du problème des étrons canins. Vous citez les problèmes. Le maire essaie de vous répondre.

4. Jouez les rôles de deux camarades de chambre. L'un(e) veut acquérir un petit chien. L'autre s'y oppose avec véhémence.

Discutons

1. Avez-vous un chien? Est-ce que vous ramassez ses crottes? Pourquoi, ou pourquoi pas?

2. Quels sont, à votre avis, les droits de ceux qui ont des chiens? Et, par contre, quels sont les droits des autres?

3. Croyez-vous que le problème des crottes de chiens à Paris va disparaître comme on l'espère? Expliquez votre réponse.

4. Quelles sont les causes principales de pollution urbaine où vous habitez? les usines? les voitures? les chiens? Est-ce qu'on essaie de trouver des solutions?

5. A votre avis, pourquoi les Français dépensent-ils plus d'argent pour entretenir leurs animaux domestiques que pour acheter des livres?

6. Avez-vous jamais été mordu par un chien ou avez-vous jamais glissé dans les crottes d'un chien? Si oui, qu'est-ce que vous avez fait?

7. Pourquoi est-ce que tant de gens qui habitent en ville veulent avoir un chien?

Deuxième partie

11

Orthographe ou ortografe?

Pour mieux lire: That this reading presents a subject that is a matter of debate is suggested immediately by the title «**Orthographe ou ortografe?**» Is the word to be written **orthographe,** using the traditional spelling, or **ortografe,** with the spelling revised according to the latest directives of the French Academy? Various proposed reforms in the written language were scheduled to take effect when students returned to school in the autumn of

1991.[1] Bearing in mind that you will be reading about a heavily debated issue can help you to follow the general presentation of this article, which concludes with a more technical itemization of specific alterations to the French language developed by the French Academy. You can naturally expect to be presented with both pros and cons on the subject, one which will remain close to the hearts of many French people!

«Je ne veux pas qu'on abîme° les mots!» s'exclamait Colette°. «Je suis contre», a ragé Paul Claudel° dans un journal littéraire. «À qui profiterait une réforme simplificatrice de l'orthographe, sinon aux ignorants» insiste Jean Dutourd°.

gâche/écrivain, journaliste française (1873–1954) connue surtout pour la série des *Claudine*/Poète, dramaturge français (1868–1955). Membre de l'Académie française/Romancier français (né en 1920). Membre de l'Académie française

On ne raisonne pas les amoureux. Et les Français le sont de leur langue. Ils l'aiment—même s'ils la maltraitent—dans ses moindres détails. L'idée d'une réforme de l'orthographe suffit pour les dresser° les uns contre les autres. Pourtant, de temps en temps des réformes diverses de la langue française sont imposées par l'Académie française[2]. Leur tâche est la mise à jour° du *Dictionnaire de la langue française*, un travail de longue durée car la dernière édition est sortie en 1932. Ceux qui veulent préserver la langue française intacte évoquent la défense du patrimoine°, la nécessité de préserver les racines° de la langue, les charmes de l'incohérence de l'orthographe. Beaucoup de Français ont tout simplement du mal à faire des concessions, alors qu'ils ont souffert pour apprendre une orthographe correcte. «Moi j'en suis sorti vivant, alors pourquoi la nouvelle génération n'en ferait-elle pas autant?»

mettre en conflit

renouvellement

la richesse d'un pays/origines

Mais pourquoi vouloir réformer l'orthographe? Parce que, constate un membre de l'Académie française : «Il faut briser° cette religion de l'exactitude, qui ne correspond plus à l'usage de notre langue».

casser

L'auteur des *Délires de l'orthographe* cite : «la désunion entre le français écrit et oral. L'écrit n'a pas évolué depuis plus de 150 ans. Il y a un moment où il faut opérer des réajustements. Aujourd'hui les Français savent lire mais plus guère écrire».

[1] These reforms are still very controversial and, as of the printing of *C'est la vie*, no final decision had been made regarding their implimentation.
[2] L'Académie, créée par Richelieu en 1635, comprend quarante membres qui sont des écrivains et des personnalités militaires et civiles.

Les révisions concernent essentiellement les cinq catégories : le trait d'union°, les mots composés, l'accent circonflexe, le participe passé des verbes pronominaux et «diverses anomalies». Mais les Français qui utilisent toujours un français devenu maintenant incorrect ne seront pas obligés de retourner à l'école, car la pratique actuelle reste considérée comme correcte «jusqu'à ce que la nouvelle orthographe domine dans l'usage.» De toute

Aix-=en-=provence
trait d'union

manière, le plus difficile reste à faire : transformer ces propositions «recommandées» en usage. Un membre de l'Académie française rassure ceux qui trouvent du mal à accepter ces changements : «Ce n'est pas une réforme, mais un tout petit aménagement° qui vient d'être donné à la langue française».

changement

Les Réformes

▼ Le trait d'union a été supprimé dans les mots composés. Porte-monnaie° devient *portemonnaie*, croque-monsieur°, *croquemonsieur*. Cette règle s'applique aux mots étrangers qui ont tant envahi° la langue française : bluejean, weekend, cowboy, etc. Le trait d'union est également supprimé pour l'utilisation des suffixes *contre-*, *entre-*, etc. Exemples : *contre*projet, *entre*deux.

petit sac pour garder des pièces de monnaie/ sandwich chaud au jambon

pénétré par force

▼ Le pluriel des mots composés a été généralisé. Pour éviter les contradictions du genre des *après-midi* et des *après-dîners* on mettra désormais toujours un «s». Un *presse citron*° donnera des *presse citrons*. Les mots étrangers au pluriel devront suivre les règles françaises et non celles de leur propre langue (des *matchs* de football, pas des *matches* de football).

machine pour faire du jus de citron

▼ L'accent circonflexe sera désormais supprimé sauf pour les infinitifs des verbes en *-aître* et dans les cas où on risque de confondre (*sur* et *sûr*°, *mur* et *mûr*°). Par contre, les mots comme *boite*, *abime*, *diner* et *chaine* n'auront plus d'accent.

être certain/un fruit prêt à manger

▼ La règle actuelle pour l'accord des participes passés des verbes pronominaux ne sera pas modifiée. On écrira toujours, «elle s'est lavé les jambes» ou «les jambes qu'elle s'est lavées». Par contre, le participe passé du verbe *laisser* quand il est suivi d'un infinitif restera invariable : «elle s'est laissée mourir» deviendra «elle s'est laissé mourir».

▼ Diverses «anomalies» : on supprime le «i» jugé inutile dans des mots comme *o(i)gnon* et *quincaill(i)er°*; de même pour le «n» dans *paysan(n)erie* ou *tyran(n)iser*.

quelqu'un qui vend des objets en métal

Adaptation d'un article du *Quotidien de Paris*.

Avez-vous bien lu?

L'idée d'une réforme de l'orthographe a dressé les Français les uns contre les autres en France. Faites le résumé des arguments principaux qui sont présentés dans l'article.

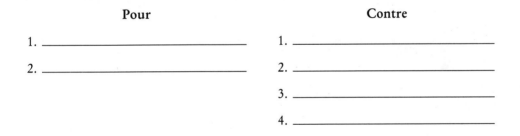

Pour	Contre
1. _____	1. _____
2. _____	2. _____
	3. _____
	4. _____

Exercices

Synonymes

Trouvez un synonyme.

**Beaucoup de Français croient qu'une réforme de l'orthographe va *gâcher* les mots. →
Beaucoup de Français croient qu'une réforme de l'orthographe va *abîmer* les mots**

1. Certains croient qu'une réforme de l'orthographe va profiter aux *illettrés*.
2. Beaucoup de Français attendent *la mise à jour* du Dictionnaire de la langue française.
3. Un grand nombre de Français *a du mal* à faire des concessions.

4. Un auteur *mentionne* «la désunion entre le français écrit et oral».
5. On va apprendre la nouvelle orthographe à partir du début des classes en automne 1991.

Questions

1. Quelle est la tâche de l'Académie française?
2. Les révisions de la langue française concernent essentiellement les cinq catégories suivantes : le trait d'union, les mots composés, l'accent circonflexe, le participe passé des verbes pronominaux et «diverses anomalies». Indiquez en quelques mots ce qui va changer dans chaque catégorie.

Scène à jouer

Deux étudiant(e)s de la langue française souffrent pour apprendre une orthographe correcte. L'un(e) parle des avantages et des charmes de l'orthographe traditionnelle malgré son incohérence. L'autre s'oppose à ce point de vue, en favorisant une réforme simplificatrice de l'orthographe.

Points de vue

1. Qui, à votre point de vue, a les meilleurs arguments—ceux qui s'opposent à la réforme de l'orthographe, ou ceux qui la favorisent? Pourquoi?
2. À votre avis, est-ce que l'auteur de cet article semble favoriser un point de vue particulier?
3. Serait-il difficile de transformer en usage les propositions recommandées par l'Académie française? Expliquez votre réponse.
4. Commentez la déclaration d'un membre de l'Académie française : «ce n'est pas une réforme, mais un tout petit aménagement qui vient d'être donné à la langue française».

Discutons

1. Comment trouvez-vous ce débat qui a dressé les uns contre les autres en France? Est-il ridicule ou raisonnable? Qu'est-ce qu'il nous apprend au sujet des Français?
2. On dit que les Français sont amoureux de leur langue. Est-ce que les Américains le sont de leur langue? Expliquez.
3. À votre avis, est-ce que la langue anglaise est en train d'évoluer? Justifiez votre réponse.
4. Trouvez-vous l'orthographe anglaise difficile et incohérente? Devrait-on la réformer? Expliquez votre réponse.

12

Que savent les Français?

Pour mieux comprendre: Sometimes the author's central idea is apparent from the beginning of a reading—through the title or opening sentences, for example. Other times, it is interwoven throughout the text with related information and is less easily distinguished. Such is the case with «**Que savent les Français?**» Here, we are given no immediate answer to the question posed by the title; instead, we are offered varying, often qualified responses as we read. To avoid confusion, keep in mind the main issue—determining what the typical French person knows as part of his or her general knowledge. Ask yourself what relevant information each paragraph is providing, and also how you can and perhaps should modify your assumptions as you go along. Finally, try to decide how to respond to the question «**Que savent les Français?**» in the light of the reading as a whole, even if you find that several answers are, in fact, actually required.

Qui a écrit *La Marseillaise*?° Qu'est-ce qu'un alexandrin?° Quelle est la population de la France°? Voici un exemple des questions posées par le magazine *Le Point*, pour tenter d'évaluer les connaissances des Français qui ont fréquenté l'école jusqu'à 16 ans.

Réponses: -Rouget de Lisle -un vers de 12 syllabes -56 millions

Hélas,° les résultats sont plus décevants° qu'on ne le pensait! Après avoir testé plusieurs types de questionnaires, *Le Point* a établi 32 questions de «culture générale» envoyées à 1 000 Français représentatifs de la population actuelle, et âgés de plus de 16 ans. Ce sont les personnes de 35 à 49 ans qui ont le mieux répondu. Ce résultat est surprenant lorsqu'on considère que les 16–24 ans sont censés° être plus proches° du système éducatif.

malheureusement/du verbe **décevoir**

supposés/près

Les jeunes ne savent-ils donc plus rien? Tout n'est pas si simple. Ces jeunes, bien sûr, savent souvent d'autres choses. Leur culture est différente. Pour eux, l'école est peut-être moins importante aujourd'hui qu'elle ne l'était hier. Les connaissances en littérature et en histoire ne sont plus aussi indispensables qu'autrefois.° La science et la technologie, par contre, semblent plus utiles. À quoi cela sert-il° aujourd'hui de savoir qui a écrit *Le Cid*?

dans le passé

à quoi... pourquoi est-il utile

Les résultats obtenus posent de nombreuses questions sur l'école, l'attitude des enseignants, la qualité des études et la définition de «culture générale». Ce débat a d'ailleurs également eu lieu aux États-Unis. Mais il reste à savoir si cette baisse du niveau des connaissances correspond simplement à une dégradation du système éducatif ou simplement à un déplacement° de l'intérêt de la jeunesse actuelle.

changement de place

Le directeur des Hautes Études,° M. Pierre Nora, donne sa propre interprétation: «Si, au lieu de demander qui a écrit *La Marseillaise*—est-ce si important de connaître son nom?—on avait demandé : Dans combien de pays avez-vous mis les pieds?°, «Citez trois joueurs d'échecs,° quatre sportifs, cinq auteurs de films», si même on cherchait à savoir quels opéras chacun se souvenait d'avoir vus à la télévision, les résultats auraient été tout différents. On n'apprend plus en classe, mais en vacances. Plus par le livre, mais par l'image. On n'apprend plus des profs, mais des copains.° On n'apprend plus des autres, mais tout seul.»

institut faisant partie de la Sorbonne

avez-vous... êtes-vous allé

échecs

camarades, amis (fém. copines)

Avez-vous bien lu?

Avez-vous pu répondre à la question «Que savent les Français?» Avez-vous trouvé une réponse simple, ou faut-il élaborer un peu? Essayez de préciser et de développer l'idée centrale de l'article en répondant aux questions suivantes :

1. Quelles phrases expriment le mieux l'idée centrale de «Que savent les Français?»
    a. Les personnes âgées de 35 à 49 ans ont la meilleure «culture générale». Ce qui est surprenant, c'est que les jeunes, qui sont plus proches du système éducatif, ne savent plus rien.
    b. Les personnes de 35 à 49 ans ont le mieux répondu aux questions de «culture générale». Les jeunes, par contre, ne semblent plus trouver ces connaissances indispensables.
    c. Les personnes de 35 à 49 ans ont le mieux répondu aux questions de «culture générale». Les jeunes savent souvent d'autres choses; leur culture est différente.

2. À quelles sortes de questions ont pu répondre les personnes âgées de 35 à 49 ans?

3. Quelles sortes de connaissances semblent être importantes pour les jeunes?

4. Selon l'interprétation de M. Nora, comment apprend-on aujourd'hui?

Exercices

Questions

1. Décrivez le questionnaire établi par le magazine *Le Point*.
2. Faites le résumé des résultats obtenus.
3. À quoi peut correspondre la baisse du niveau des connaissances des jeunes?

Que savez-vous?

Mesurez-vous aux Français!

1. Qui a peint «la Joconde»?
2. Où se trouve Budapest?
3. Pouvez-vous citer deux auteurs français du XVIIIᵉ siècle?
4. Quelle est la population de la Chine?
5. Nommez un grand écrivain allemand.
6. Qui était Rodin?
7. En quelle année Christophe Colomb a-t-il découvert l'Amérique?
8. Citez trois pays où l'on parle français.
9. Qui a composé la sonate *Au clair de lune*?
10. Quelle est la capitale de l'Espagne?

Réponses

Kant, etc.
5. Goethe, Marx, Nietzsche, Brecht,
4. 1 milliard
Montesquieu, etc.
3. Voltaire, Rousseau, Diderot,
2. En Hongrie
1. Léonard de Vinci

10. Madrid
9. Beethoven
le Togo, le Mali, etc.
Luxembourg, la Suisse, le Canada,
8. La France, la Belgique, le
7. 1492
6. Un sculpteur

10	points:	très bien
9–8	points:	bien
7–6	points:	moyen
5–4	points:	médiocre
3–0	points:	mauvais

Scène à jouer

Un(e) étudiant(e) parle avec ses parents (joués par d'autres membres de la classe) de la baisse du niveau des connaissances des jeunes. Les parents présentent leurs conceptions de la culture générale et de l'importance de l'école. L'étudiant(e) indique que la culture des jeunes est différente. Par exemple:

▼ pour eux, l'école est moins importante;
▼ la science et la technologie sont utiles; les connaissances en littérature et en histoire ne sont plus indispensables;
▼ le système éducatif est démodé;
▼ on apprend maintenant de façon différente;
▼ ?

Points de vue

1. Quelle est votre conception de la «culture générale»? Est-ce qu'elle correspond à la conception de ceux qui ont évalué les connaissances des Français pour *Le Point*? Expliquez votre réponse.
2. Croyez-vous que la baisse du niveau des connaissances correspond à une dégradation du système éducatif ou à un déplacement de l'intérêt de la jeunesse actuelle?
3. Que pensez-vous de ce que dit M. Nora? A-t-il raison, à votre avis? Combien d'étudiants parmi vous sont d'accord?
4. Vous semble-t-il que les Français et les Américains ont des conceptions différentes de la culture générale?

Discutons

Faites votre propre questionnaire (10 questions) de «culture générale», testez votre classe et essayez d'analyser les résultats.

13

Le Vol de «la Joconde»

Pour mieux comprendre: This reading provides a factual narration of the theft, earlier this century, of da Vinci's famous painting known to Americans as the *Mona Lisa*. Because the whole sequence of events, occuring between August 1911 and December 1913, is related, you will want to read carefully, grasping fully each successive incident in order to understand the unfolding story. The author helps you follow the action by marking the progression of events over time. The narration begins **«le mardi 22 août 1911»**, flashes back to the preceding day, and even mentions the specific time at which three workers last saw the *Mona Lisa*. From there, we move ahead, **«une heure plus tard»**, and on through the story.

Le mardi 22 août 1911, les journaux français annoncent que «la Joconde», le célèbre tableau de Léonard de Vinci, a été volée. Ce tableau est souvent appelé «Mona Lisa».

L'histoire de ce vol mystérieux commence le jour précédent, le lundi 21 août. Le Louvre, le musée où ce célèbre tableau est exposé au public, est fermé tous les lundis.[1] Ce matin-là trois ouvriers entrent dans le musée. À sept heures vingt, ils s'arrêtent dans la salle où «la Joconde» est exposée.

— C'est le tableau le plus précieux au monde, dit un des ouvriers en regardant le sourire mystérieux de Mona Lisa.

Une heure plus tard, les trois hommes traversent encore une fois la salle. Mais cette fois-ci «la Joconde» n'est plus là.

— Ah, ah, dit un des hommes, ils l'ont cachée. Ils ont peur de nous.

La journée passe et personne ne dit rien. Le lendemain, le 22 août, Louis Béroud arrive. Il est peintre et il veut copier le célèbre tableau de Léonard de Vinci.

— Où est «la Joconde»? demande-t-il à M. Poupardin, le gardien.

— Chez le photographe, répond M. Poupardin.

En vérité il ne sait pas où elle est. Mais si «Mona Lisa» n'est pas à sa place, il croit que c'est parce que le photographe est probablement en train de la photographier.

— À midi, M. Béroud commence à s'impatienter.

— Où est «la Joconde»? demande-t-il encore une fois au gardien.

— Je vais demander, répond M. Poupardin.

Dix minutes plus tard le gardien revient. Il est très pâle. C'est en tremblant qu'il dit :

— Le photographe ne l'a pas.

[1] Aujourd'hui les musées nationaux sont fermés tous les mardis.

cadre vide

roi

Ainsi, avec un retard d'un jour et demi, on découvre que le tableau le plus précieux au monde a été volé.

En peu de temps, il y a une centaine d'agents de police dans le musée. On demande aux visiteurs de partir, on ferme les portes et on cherche partout. Bientôt, on trouve le cadre vide° de «la Joconde». On questionne les gardiens. Ils sont tous certains que le tableau n'a pas quitté le Louvre. On continue à chercher. On regarde partout dans l'immense musée. Rien.

Les jours passent. Toutes les polices de France et d'Europe cherchent «Mona Lisa», peinte en 1504 à Florence par Léonard de Vinci et achetée en 1518 par François 1er, roi° de France. On inspecte les trains. On questionne des centaines de suspects. Mais on ne trouve rien.

Les semaines, les mois, les années passent. Toujours rien.

En décembre 1913, deux ans et trois mois après le vol de «la Joconde», un marchand d'art à Florence reçoit une lettre étrange :

Cher M. Géri,

Je suis italien. C'est moi qui ai pris «la Joconde» au Louvre en 1911. J'ai fait cela pour rendre à l'Italie un des nombreux chefs-d'œuvre° volés par les Français.

Léonardo

les meilleures œuvres d'un artiste

— C'est un fou, croit M. Géri, le marchand. Cependant,° il répond à la lettre. Le 11 décembre 1913, M. Géri rend visite à

mais

Vincenzo Léonardo à l'Hôtel Tripoli-Italia. Il entre dans la chambre de M. Léonardo. Celui-ci cherche sous son lit, tire une grande valise et sort un paquet plat. Il ouvre le paquet. M. Géri est stupéfait. Voici, devant lui, le célèbre sourire de Mona Lisa. C'est bien «la Joconde».

On informe le roi d'Italie, le pape,° l'ambassadeur de France, même le Parlement italien.

  chef de la religion catholique

  Le 31 décembre 1913, «la Joconde» arrive à Paris, gardée par vingt agents de police. On la remet à sa place au Louvre. Ce jour-là cent mille personnes viennent la voir.

  Mais pourquoi Vincenzo Léonardo, qui s'appelle en fait Vincenzo Perugia, a-t-il volé «la Joconde»? Voici ce qu'il dit :

  — J'ai lu que Napoléon a volé «la Joconde» à Florence. J'ai voulu la rendre à l'Italie.

  Parce que l'opinion italienne était pour M. Perugia, il n'est resté que six mois en prison.

Adaptation d'un article de *l'Express*

Avez-vous bien lu?

Quels sont les faits? Faites le résumé des événements principaux du vol de «la Joconde», suivant les indications données.

1. Lundi 21 août → Lundi 21 août, trois ouvriers au Louvre remarquent que «la Joconde» n'est plus là.

2. Le lendemain, le 22 août, _____

3. En décembre 1913, _____

4. Le 11 décembre 1913, _____

5. Le 31 décembre 1913, _____

Exercices

Vocabulaire

Employez ces mots donnés pour compléter les phrases : le vol, le voleur, voler.

1. L'histoire du _____ de «la Joconde» est étonnante.
2. Le 21 août 1911, Vincenzo Perugia _____ le tableau célèbre.
3. On a découvert _____ le lendemain.
4. _____ était un Italien qui pensait que Napoléon avait _____ «la Joconde» à son pays.
5. _____ du tableau, M. Perugia, n'a pas été sévèrement puni.
6. Aujourd'hui il serait plus difficile de _____ «la Joconde».

Définitions

Le chef de la religion catholique est *le pape*.

1. Un _____ gagne sa vie en prenant des photos.
2. Le meilleur travail d'un artiste est son _____.
3. Un _____ est un travailleur manuel.

bête: pas intelligent

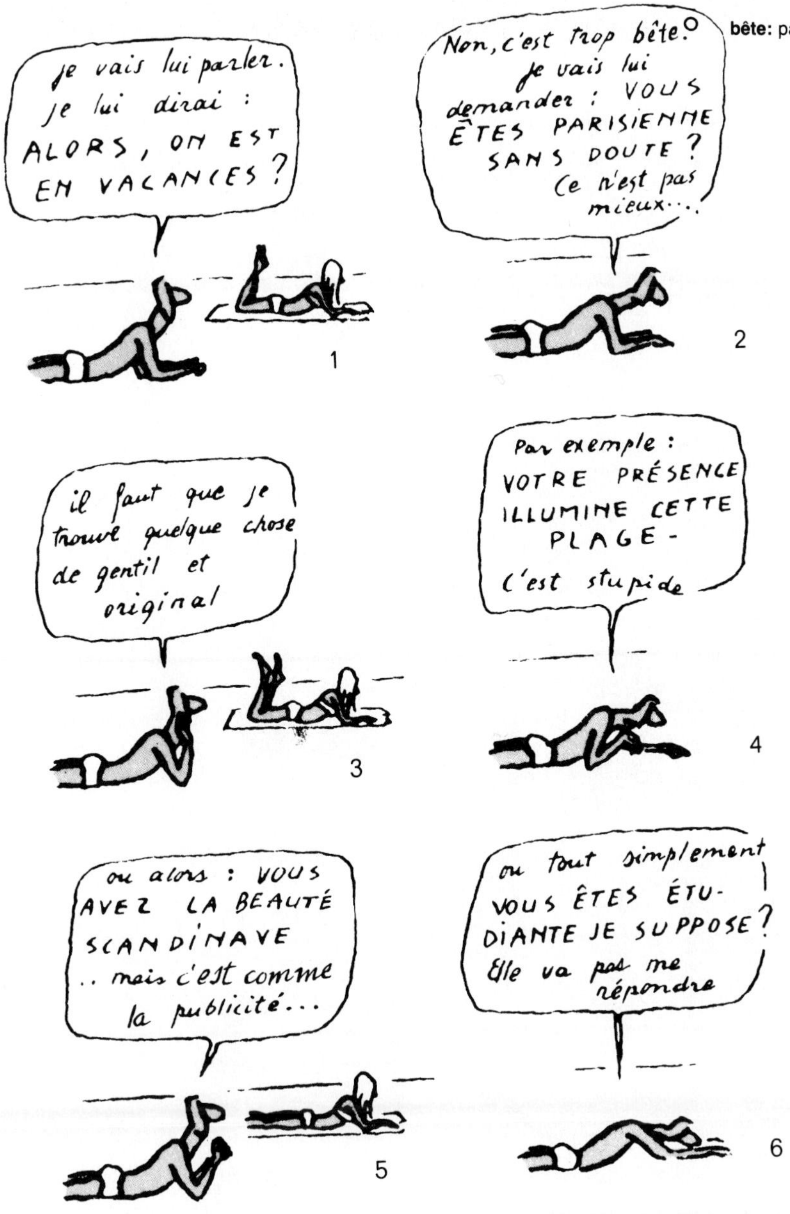

se moquer: rire

Adaptation d'un dessin de Bosc dans *l'Express*

Avez-vous bien lu?

Vous savez maintenant que le jeune homme sur la plage est très timide. Il veut parler à la jeune fille, mais il hésite. Employez les mots **par exemple**, **ou alors** et **ou tout simplement**, et imaginez d'autres phrases qu'il invente pour s'adresser à la jeune fille.

Exercices

Vrai ou faux?

1. On est sûr que la jeune fille est Parisienne.
2. Elle est bronzée.
3. Le jeune homme n'a pas de cigarettes.
4. Il est très timide.
5. Elle se moque du jeune homme qui lui parle.

Scènes à jouer

1. Imaginez —et jouez—la conclusion de la scène sur la plage: le deuxième garçon et la jeune fille continuent-ils leur conversation? Comment? Ou se quittent-ils après avoir dit quelques mots?
2. Refaites cette scène à votre façon avec un(e) autre étudiant(e) : sur la plage..., à la bibliothèque..., dans un avion..., dans un café... Un(e) étudiant(e) veut parler à l'autre. Il (elle) hésite longtemps, puis dit quelques mots à l'autre.

Points de vue

1. Quel est l'aspect ironique de cette scène sur la plage?
2. Comment trouvez-vous le garçon qui a tellement hésité?

Discutons

1. Imaginez que vous êtes le garçon ou la jeune fille sur la plage. Est-ce que vous faites ce qu'il(elle) a fait? Expliquez votre réponse.
2. Avez-vous jamais hésité à parler à quelqu'un que vous ne connaissiez pas? Qu'est-ce que vous avez fini par faire?
3. Quelle est, à votre avis, la meilleure façon de faire la connaissance d'une jeune fille ou d'un garçon sur une plage ou dans un autre endroit public?

15

Les Filles du Roi

Pour mieux lire: This reading, relating the story of **les Filles du Roi,** who came as colonists to the area around Montréal, provides a good opportunity to practice determining the meaning of unfamiliar words from their context. Rather than glancing immediately at the marginal glosses or pulling out the dictionary, try to look at the words or information surrounding unfamiliar words you encounter as you read; this will often make their meaning clear. In the first paragraph, for example, you will encounter (perhaps for the first time) the unknown word **célibataires** in the sentence *Le roi choisit des jeunes filles et les envoie dans ce pays de **célibataires.*** It is clear from the context that **célibataires** is a noun. Moreover, the sentence suggests that the young women were counterparts to the **célibataires** in the New World. The preceding sentences regarding the presence of a regiment of 1,200 in the colonies provide further clarification. It is not difficult to guess from all of this contextual information that **célibataires** means, in this case, *"unmarried men."*

En France, sous Louis XIV, un problème urgent s'est posé dans une des colonies françaises appelée aujourd'hui le Québec. En effet, le roi y avait envoyé 1 200 officiers et soldats pour combattre les Indiens Iroquois. Que faire avec ce régiment après la victoire? Une solution géniale° est proposée : le roi choisit des jeunes filles et les envoie dans ce pays de célibataires°. Il leur donne une dot° et en se mariant elles contribuent à renouveler la colonie et à augmenter la population de la Nouvelle-France.

très intelligente

personnes non marlées

somme d'argent qu apporte une femme au moment du mariage

   Entre 1664 et 1672 environ 800 jeunes femmes ont quitté la France pour aller vivre aux alentours° de Montréal où elles étaient destinées à fonder un foyer°. Elles venaient d'un peu partout en France et 4/7 environ étaient des filles robustes de paysans, de cultivateurs, de fermiers. 2/7 étaient des orphelines° dont les parents avaient été citadins°, artisans. Ces Filles du Roi sont souvent représentées comme des dames de la noblesse mais en réalité 1/7 seulement venaient de la petite noblesse.

aux environs

une famille

enfants qui ont perdu leurs père et mère
personnes qui habitent la ville

   Il y a aussi eu des interprétations historiques qui en faisaient des femmes dont on voulait se débarrasser°. On disait qu'elles étaient des femmes qui venaient de prison ou des femmes de mauvaise vie et certains les ont qualifiées de «filles de joie»°. Ces différentes interprétations font maintenant partie de leur légende, et la question de leur identité provoque encore de vives discussions.

enlever ce qui gêne

prostituées

Quelles que soient leurs origines, les Filles du Roi ont toutes été accueillies au sud-ouest de Montréal, dans la ferme connue aujourd'hui sous le nom de Saint-Gabriel. Cette belle maison est actuellement un musée restauré par la congrégation Notre-Dame. Les objets qui faisaient partie de la vie quotidienne de ces jeunes filles y sont soigneusement conservés. Là, on les initiait à leur nouvelle vie, et on les préparait aux tâches° domestiques qui les attendaient; elles pouvaient ainsi jouir de l'intimité et de la chaleur de cette maison.

°ouvrage à exécuter en un temps limité

Marguerite Bourgeois, fondatrice de la congrégation Notre-Dame, dirigeait° la Maison des jeunes femmes et jouait le rôle de mère pour chacune d'elles. Elle les logeait°, les nourrissait et encourageait les visites des officiers. Ainsi, dans l'espace d'environ six semaines, les «Filles du Roi» étaient toutes mariées. Ce programme a eu un tel succès qu'en 1772, la population avait déjà doublé, grâce à ces jeunes femmes.

°menait

°donner un endroit pour dormir

Aujourd'hui, les personnes qui veulent faire des recherches sur leurs origines remontant aux «Filles du Roi» peuvent s'adresser à l'Institut Généalogique du Québec qui conserve les documents autrefois préservés dans les églises. Selon Madame Baboyant, bibliothécaire, les femmes au Québec considèrent comme un honneur d'être les descendantes des Filles du Roi car elles sont considérées comme des femmes vaillantes° qui avaient quitté leur pays pour en coloniser un autre. Après tout, disent-elles, c'est grâce à leur courage que nous sommes ici aujourd'hui.

°courageuses

Adaptation d'un article de *Nos Racines* et de la transcription de la vidéo «Les Filles du Roi», Actuel Video, Inc.

Avez-vous bien lu?

Essayez de déterminer selon le contexte ce que veut dire chaque mot souligné dans les phrases suivantes. Ensuite soulignez les mots du contexte qui vous ont aidé à comprendre le mot inconnu.

1. Les Filles du Roi ont contribué à <u>régénérer</u> la colonie; elles ont augmenté la population de la Nouvelle-France.
2. Les Filles du Roi <u>se sont éloignées</u> de la France pour aller vivre aux environs de Montréal.
3. Certains ont dit que c'étaient des femmes qu'on voulait <u>expulser</u>; on disait que les Filles du Roi venaient de prison ou étaient des femmes de mauvaise vie.
4. Au musée on <u>entretient</u> les objets qui faisaient partie de la vie quotidienne de ces jeunes filles.
5. Les Filles du Roi sont souvent <u>dépeintes</u> comme des dames de la noblesse, mais en réalité 1/7 seulement venaient de la petite noblesse.

Exercices

Synonymes

Le roi a envoyé des jeunes filles dans ce pays peuplé de *personnes non mariées*.
➜ Le roi a envoyé des jeunes filles dans ce pays peuplé de *célibataires*.

1. On a proposé une solution *très intelligente* au problème.
2. Les Filles du Roi *ont aidé* à renouveler la colonie.
3. Environ 800 jeunes femmes ont quitté la France pour aller vivre aux *alentours* de Montréal.
4. Les Filles du Roi *ont été reçues* dans la ferme de Saint-Gabriel.
5. Après tout, disent-elles, c'est â *grâce à* leur courage que nous sommes ici aujourd'hui.

Questions

1. Pourquoi y avait-il 1 200 officiers et soldats en Nouvelle-France à l'époque de Louis XIV?
2. Dans quelles circonstances les Filles du Roi sont-elles arrivées en Nouvelle-France?

3. À quoi étaient destinées les Filles du Roi?
4. Quelles étaient les origines des Filles du Roi?
5. Certaines interprétations en faisaient des femmes dont on voulait se débarrasser. Expliquez.
6. Pourquoi est-ce que la ferme de Saint-Gabriel a été importante pour les Filles du Roi?
7. Qui était Marguerite Bourgeois et qu'est-ce qu'elle a fait?
8. Pourquoi est-ce que les femmes au Québec sont fières de descendre des Filles du Roi?

Scènes à jouer

1. Une femme et un homme au Québec, joués par deux étudiants, expliquent pourquoi ils sont fiers d'être les descendants des Filles du Roi. Ils parlent du courage de ces femmes, de ce qu'elles ont fait pour le Québec, etc.
2. Jouez cette scène : Un soldat français qui cherche une femme fait la connaissance d'une Fille du Roi à la ferme de Saint-Gabriel. La Fille du Roi parle de ses origines et explique pourquoi elle a quitté la France. Le soldat lui parle de sa nouvelle vie.
3. Deux Filles du Roi, maintenant âgées, se souviennent de leur arrivée en Nouvelle-France, de leur expérience à la ferme de Saint-Gabriel et de leurs premières rencontres avec leurs futurs maris.

Discutons

1. Quand on a proposé d'envoyer des jeunes filles en Nouvelle-France, pourquoi est-ce que cette idée était géniale?
2. Pourquoi, à votre avis, les Filles du Roi se sont-elles décidées à quitter la France?
3. Imaginez les difficultés variées des Filles du Roi une fois arrivées en Nouvelle-France.
4. Auriez-vous aimé être un soldat ou une Fille du Roi en Nouvelle-France au 17e siècle? Expliquez votre réponse.

16

Rire, c'est guérir° un peu

retrouver la santé

Pour mieux lire: Toward the end of this article, the healing power of laughter and its positive physiological effects is summarized. We are told, for example, that laughter, **le rire: «calme la douleur, diminue le cholestérol, évite l'aggravation des maladies cardio-vasculaires et fait même régresser parfois complètement le cancer».** You may never have learned formally all of the terms that describe these effects, yet you are likely to follow the passage and related ones with ease because of the large number of cognates used. Cognates—**les mots apparentés**—are words that bear a close resemblance to their English counterparts. The spelling and meaning of French and English cognates are either identical or so similar that they pose no problem. Recognizing cognates helps you comprehend readily what you are reading without recourse to the dictionary and is also an easy way to increase your vocabulary.

On sait aujourd'hui que le rire soigne,° ou aide à soigner. Car si le rire reste un mystère pour les philosophes, il a toujours été familier aux médecins.

    Et pourtant, personne n'est convaincu. Ni les malades, qui ne croient qu'aux pilules,° piqûres,° opérations ou machines. Ni même les médecins, qui demandent des «preuves scientifiques» de cette découverte. Qui n'est pourtant que la «redécouverte» d'un très ancien phénomène. La Bible le disait déjà: «Un cœur joyeux guérit comme une médecine». L'homme préhistorique riait-il? Oui, répond Darwin, il riait pour signaler l'absence de danger et désarmer ses ennemis. Les grands singes, chimpanzés et orangs-outans, rient eux aussi (d'une «grimace riante»). Et les dinosaures? Peut-être, puisque le centre du rire est situé dans les structures les plus anciennes du cerveau qui commande les émotions liées à la survie de l'espèce° : manger, dormir, aimer, se battre, souffrir, rire. Ce grand rire venu du fond des âges, ce rire magique et thérapeutique, ce rire explosif, spontané ou provoqué, on le retrouve aujourd'hui encore en Afrique.

aide à guérir

médicament

piqûre

species

C'est en Europe que le rire perd peu à peu son pouvoir. La religion a découvert là un danger subversif. Saint Jean Chrysostome, patriarche de Constantinople et Père de l'Eglise, écrit au IVe siècle : «Le rire, la plaisanterie ne paraissent pas des péchés° mais ils conduisent au péché»...

actes condamnés par les lois religieuses

Il faudra attendre des siècles pour que le rire thérapeutique fasse une réapparition timide. On rit de moins en moins : en 1939, les Français riaient dix-neuf minutes par jour (ce n'était pourtant pas l'année la plus gaie du siècle). En 1980, ils ne rient plus que six minutes par jour. En 1985, 8% rient plus de cinq minutes par jour, 24% moins d'une minute et 7% (dont 13% d'agriculteurs) ne rient jamais. En revanche,° on déprime° de plus en plus.

en... par contre/ est triste

Il faut donc réhabiliter le rire—ce médicament merveilleux qui est toujours immédiatement disponible et gratuit. Qu'est-ce qu'il guérit? Il calme la douleur, agit sur le sommeil et la déprime,° la digestion, diminue le cholestérol, évite l'aggravation des maladies cardio-vasculaires et fait même regresser parfois complètement le cancer. Les sceptiques souriront : «Et alors, ça marche comment votre truc?» Eh bien, cela marche à partir des plus récentes découvertes des mécanismes physiologiques et chimiques qui se produisent dans nos différents cerveaux. On savait déjà que le rire joue un rôle important dans la respiration. Mais en plus de cette action mécanique, on a récemment découvert l'importance du rire dans nos structures neurologiques, trop complexes pour pouvoir être détaillées ici. Mais la bataille

état de dépression (fam.)

du rire qui guérit ne sera gagnée que le jour où la Sécurité sociale remboursera° les films de Woody Allen au même titre° que les antidépresseurs.

rendra l'argent dépensé pour quelque chose
au... de la même façon

Adaptation d'un article du *Nouvel Observateur*

Avez-vous bien lu?

Trouvez au moins 6 mots apparentés dans la lecture et employez chacun dans une phrase.

le mystère ➜ Le rire reste un mystère pour certains, mais on sait aujourd'hui que le rire soigne.

Exercices

Vocabulaire

Cherchez le verbe à partir du nom.

une preuve ➜ prouver

des soins	une apparition
une guérison	une dépression
une situation	une digestion
une plaisanterie	une production

Questions

1. Selon Darwin, l'homme préhistorique riait-il? Pourquoi?
2. Pourquoi est-ce que le rire a perdu peu à peu son pouvoir en Europe?
3. Combien de minutes par jour les Français riaient-ils en 1939? Et en 1980?
4. Qu'est-ce que le rire peut guérir?
5. Quand la bataille du rire sera-t-elle gagnée?

Scène à jouer

Des étudiants jouent les rôles d'un médecin et d'un(e) malade. Le médecin suggère au (à la) malade qu'il (elle) essaie de rire un peu. Le (la) malade répond qu'il (elle) ne croit qu'aux pilules, piqûres, opérations ou machines. Le médecin lui explique le rire thérapeutique.

Discutons

1. Trouvez-vous cet article convaincant? Pourquoi, ou pourquoi pas? Est-ce que le rire vous a jamais aidé à guérir?
2. Rit-on moins aujourd'hui aux États-Unis qu'autrefois? Pouvez-vous citer des exemples pour expliquer votre réponse?
3. Faites une expérience cette semaine et comptez combien de minutes par jour et à quelles occasions vous riez. Comparez vos résultats.
4. Quelles sont les meilleures blagues (c'est à dire les histoires pour rire, les plaisanteries) que vous connaissez? Racontez-les à la classe.
5. Trouvez-vous qu'il est facile de rire ou de faire rire quelqu'un? Qu'est-ce que vous faites pour faire rire quelqu'un?
6. Est-ce que vous riez des mêmes choses que vos parents, vos amis?

17

Réussir avec ou sans bac

Pour mieux lire: The discussion in this reading centers around the difficult general examination, the **baccalauréat,** or **bac,** which many French students take at the end of their secondary studies. Because success or failure in obtaining the **bac** often has profound implications for students' entire educational and professional future, the examination takes on enormous importance in their eyes and is contemplated with great anxiety. Clearly, this is a situation particular to the French and to their very different educational system; American readers do not have much basis for identifying directly with it. Therefore, try to keep the general background in mind during your first reading and to follow the main lines of the discussion, which emphasizes especially the options available to young people who do not obtain the **bac.** Then, reread the article with the aim of focusing on its full ramifications. Can you begin to imagine yourself in the place of a French student who must deal with all of the issues relating to the **bac?**

En France, un élève doit réussir à un examen qui s'appelle le baccalauréat (familièrement le «bac») pour pouvoir faire des études universitaires. C'est le dernier examen général (sur tous les sujets étudiés) que l'on passe à la fin de la dernière année scolaire. Le fait de réussir et d'obtenir le bac peut être plus ou moins déterminant pour l'avenir d'un jeune Français ou d'une jeune Française.

En fait, aujourd'hui, lorsqu'on a son bac, cela signifie qu'on a réussi à aller jusqu'au bout de sa scolarité° au lycée ou dans tout autre établissement similaire. La question que l'on se pose est celle de l'utilité réelle de ce premier «grand» diplôme, que la majorité des jeunes gens obtiennent vers l'âge de 17–18 ans.

toutes les classes de l'école primaire et secondaire

En 1809, 39 personnes avaient obtenu le bac. En 1900, ils étaient 7 000, en 1959, 49 000 et en 1990, 400 000 environ. Et ce nombre continuera probablement d'augmenter. Pour les jeunes qui ont une certaine ambition, surtout pour ceux qui souhaitent faire des études à l'université, ne pas avoir le bac peut représenter un gros handicap (bien qu'il existe en France des universités où

l'on peut entrer sans avoir le baccalauréat). Quand on demande au directeur de l'Office National de l'Enseignement et des Professions ce qu'il conseille de faire quand on a raté° son bac, il répond sans hésiter : «Redoubler».°

manqué

faire (l'année scolaire) une deuxième fois

Finalement, 75% de ceux qui se présentent au bac finissent par l'obtenir. Pour les jeunes qui ne réussissent pas à cet examen (ou qui n'essaient même pas), la situation n'est pas forcément° désespérée. Ils ont le choix entre plusieurs solutions : soit ils décident d'entrer dans la vie active et de prendre un emploi où l'on ne demande pas de diplôme particulier, soit ils décident de poursuivre des études techniques ou une formation profession-nelle, pour lesquelles le bac n'est pas exigé.°

nécessairement

obligatoire

Les métiers° de la vente, par exemple, exigent plus de flair, d'intuition, de sens de la clientèle qu'aucune école puisse vous apprendre. Le sport, la cuisine, le journalisme, certains métiers nécessitant des qualités artistiques demandent davantage de talent (ou de vocation) que de diplômes. En fait, toute profession, pour être exercée avec succès, nécessite une bonne dose de volonté, une bonne intuition et un peu de chance, sans oublier les con-naissances de base (aussi élémentaires soient-elles).

professions

    Laurent est dans ce cas. À 15 ans il quitte le lycée «parce qu'on y parlait de tout sauf de cinéma», sa passion. Il suit quelques cours de théâtre, travaille un peu ici et là. À 17 ans, avec un minuscule budget, en empruntant de l'argent à ses parents et à certains de ses amis, il réalise son premier long métrage,° présenté et très remarqué au Festival de Cannes. Actuellement, il monte sa propre maison de production de films.[1]

    Richard, lui, a une autre passion : les sauces. Son père le place alors chez un cousin cuisinier. Il passe par tous les échelons° du métier pour enfin devenir chef de cuisine. À 28 ans, il est devenu gérant° d'un important hôtel restaurant.

film de longue durée

niveaux

directeur

---

[1]Ceci ne serait guère possible aujourd'hui à cause du prix de production d'un film.

Deux exemples de réussite fort encourageants. Mais prudence! La réussite exige aussi des qualités personnelles et une certaine dose de talent. Faute de talent, l'expérience professionnelle et la pratique permettent d'acquérir° un savoir-faire indispensable à tout individu.

obtenir

l'informatique

Sans bac il y a encore les métiers de l'informatique,° les assurances, les banques, la S.N.C.F., France Télécom, l'Armée et bien d'autres encore. Avec ou sans bac la réussite ne tient qu'à vous.°

ne tient... ne dépend que de vous

«Et si votre enfant n'avait pas le bac?»

Six pères réfléchissent sur ce qu'il faudrait faire en cas d'échec.

Christian Laué, directeur d'un cabinet de recrutement : «Je l'encouragerais à se lancer dans la vente. Très tôt. À 25 ans, il faut avoir des diplômes ou de l'expérience. Rien de pire que ces jeunes qui courent après les examens… au lieu de poursuivre des études. Trois ans chez Olivetti pour passer «le bac de la vente». Après cette formation, si le garçon est doué, il se débrouillera.° Je lui déconseillerais de se lancer dans la technologie.»

se... se sortira des situations difficiles

Jean-Claude Lasanté, directeur d'Eurosurvey : «L'enseignement des universités américaines est plus pragmatique. La sélection dépend moins des connaissances en mathématiques. J'y enverrais ma fille.»

Claude Vimont, directeur de journal : «Je lui conseillerais avant tout de redoubler, quitte à° changer d'orientation.»

quitte... même s'il faut

Un journaliste : «À Rome, à Bruxelles, on peut poursuivre des études très correctes. Ma fille deviendra vétérinaire en Belgique. Les études y sont moins ardues° qu'en France et le diplôme lui permettra un jour prochain d'exercer dans tous les pays d'Europe.»

difficiles

Le directeur d'une grande banque : «Je l'aiderais avant tout à identifier ses talents. Le lycée s'en occupe peu. Je le guiderais vers des activités ouvertes : l'hôtellerie ou la distribution. Il se formera dans une grande chaîne.»

Le directeur du personnel d'une grande entreprise : «Les voyages sont formateurs. Encouragé à trouver des petits jobs aux États-Unis ou au Moyen-Orient, il aura acquis ouverture d'esprit et sens pratique, atouts° aussi valables qu'un diplôme moyen.»

avantages

Adaptation d'un article du *Nouvel Observateur*

LES BACS FRANÇAIS

Il existe de nombreuses catégories de baccalauréats : le bac général, le bac technologique, le bac professionnel.

Le plus prestigieux est dans la catégorie «Bac Général» : le «BAC C» (mathématiques et sciences physiques), suivi des «BACS A» (lettres).

Les autres bacs généraux : BAC B, économique et social, BAC D, mathématiques et sciences naturelles, BAC D', sciences agronomiques et techniques, BAC E, sciences et techniques.

Avez-vous bien lu?

Selon l'article, un étudiant qui n'a pas obtenu le bac peut choisir entre des solutions variées. Essayez d'en résumer plusieurs en complétant les phrases suivantes :

1. On peut entrer dans la vie active et prendre un emploi où l'on ne demande pas de _____.

2. On peut poursuivre des études _____
   ou une formation _____ pour lesquelles le bac n'est pas exigé.

3. Certains métiers, par exemple, _____ ,

exigent des qualités qu'aucune école ne peut vous enseigner.

4. Il y a certains métiers—par exemple, _____

_____

—qui demandent davantage de talent que de diplômes.

5. Sans bac, il y a encore d'autres choix, par exemple, les métiers de _____

_____ .

6. Des pères suggèrent d'autres possibilités. Par exemple, Jean-Claude Lasanté suggère

la possibilité d'envoyer sa fille à _____ . Le directeur

du personnel d'une grande entreprise considère que _____

_____ peuvent être aussi valables qu'un diplôme moyen.

Maintenant, relisez l'article et répondez à ces questions plus générales :

1. Qu'est-ce que le bac?
2. Quand passe-t-on le bac?
3. Quel pourcentage de ceux qui se présentent au bac finissent par l'obtenir?
4. Décrivez un peu les cas de Laurent et de Richard.

Exercices

Synonymes

Quand on a son bac, cela *veut dire* qu'on a réussi à *terminer ses études secondaires* dans un lycée ou autre établissement *semblable*. En 1809, trente-neuf personnes ont *été reçues au* baccalauréat. Cette année, il y en aura *presque* 400 000 et ce nombre *ne cessera pas* de *croître*.

Familles de mots

Formez un ou plusieurs noms.

diriger → direction, directeur

1. étudier	6. représenter
2. réussir	7. restaurer
3. obtenir	8. assurer
4. établir	9. poursuivre
5. demander	10. condamner

Scènes à jouer

1. Imaginez que vous êtes Laurent ou Richard. Vous parlez avec vos parents, joués par d'autres étudiant(e)s, de votre décision de quitter le lycée sans obtenir le bac. Indiquez ce que vous allez faire pour exercer la profession que vous avez choisie. Vos parents croient qu'il serait préférable d'obtenir le bac, et vous devez leur parler de façon convaincante.

2. Imaginez que vous êtes le père ou la mère d'un enfant qui n'a pas obtenu le bac. L'enfant vous indique quels sont ses intérêts, et vous essayez de lui donner des conseils. Vous considérez ensemble les possibilités : par exemple, se lancer dans la vente; poursuivre ses études aux États-Unis, à Rome ou à Bruxelles; se former dans une grande chaîne; voyager; etc.

Points de vue

1. Que pensez-vous de la décision de Laurent et Richard de quitter le lycée sans obtenir le bac? Auriez-vous fait la même chose à leur place? Leurs cas sont-ils typiques, à votre avis?

2. Dans l'extrait «Et si votre enfant n'avait pas le bac?», pensez-vous que l'avis des pères est conditionné par le métier qu'ils exercent eux-mêmes? Pourquoi? Donnez des exemples.

3. Les mères auraient-elles des avis différents? À quel niveau?

Discutons

1. Que pensez-vous du système français où l'on passe un seul examen final—le bac—sur tous les sujets qu'on a étudiés avant de quitter l'école?

2. Que pensez-vous de l'importance que prend le bac pour les élèves eux-mêmes en vue de leur avenir? Est-ce que cela se justifie, à votre avis? Dans quel cas en particulier?

3. Imaginez que vous êtes un(e) étudiant(e) français(e) qui doit se présenter au bac. Quelles émotions éprouvez-vous?

4. À votre avis, a-t-on parfois raison d'arrrêter ses études plutôt que de les continuer? Expliquez votre réponse.

5. Connaissez-vous des gens comme Laurent et Richard qui ont bien réussi sans terminer leurs études? Si oui, décrivez-les.

18

Les Bonnes Crêpes

Pour mieux lire: In reading and working with this recipe for crêpes, you will be able to determine the amounts required for each ingredient on a common-sense basis, even though the quantities are expressed in terms different from those you are probably used to. Solid measures tend to be expressed in terms of metric weights, but you will also note references to measurements based on **une cuillerée à soupe** and **une cuillerée à café.** For liquids, you will have to judge yourself what exactly constitutes 2 1/2 **verres environ,** just as the French have for generations!

En France, chaque région a ses spécialités culinaires. À Marseille, c'est la bouillabaisse,° à Lyon— parmi d'autres — c'est le poulet à la crème. Et en Bretagne, ce sont les crêpes.

Leur préparation demande parfois de l'agilité, car à l'occasion de certaines fêtes, on les fait sauter° de la main droite en tenant une pièce d'or de la gauche, pour assurer la prospérité de la maison.

On fait des crêpes non seulement en Bretagne, mais partout en France, où l'on peut même les acheter dans la rue.

coupe de poissons

on fait sauter

Recette des crêpes

Il faut pour 12 crêpes :

▼ **farine, 150 g (5 cuillerées à soupe très pleines)**
▼ **sel, 1/2 cuillerée à café**
▼ **œufs, 2**
▼ **lait, 2 1/2 verres environ**
▼ **beurre, 40 g**
▼ **sucre en poudre**

REMARQUE : Avec un mixer électrique, le travail est beaucoup plus simple; mettez tous les ingrédients solides et liquides à la fois dans un bol; mélangez et battez quelques secondes.

1. Dans une terrine,° mettez la farine et le sel. Cassez les œufs° et mélangez avec une cuillère en bois pour obtenir une pâte

    casser les œufs

    terrine

    pâte lisse

    lisse.° Ajoutez-y, peu à peu, le lait froid et 20 g de beurre juste fondu. Battez bien cette pâte assez liquide.

2. Faites cuire les crêpes en versant un peu de pâte dans une poêle° très chaude, sur feu vif.° Inclinez la poêle dans tous les sens pour en recouvrir le fond. Quand une crêpe est cuite d'un côté, retournez-la et laissez cuire encore jusqu'à ce

    poêle
    sur... sur flamme haute

qu'elle se détache facilement. Mettez un peu de beurre dans la poêle entre chaque crêpe.

3. Saupoudrez° les crêpes de sucre en poudre au fur et à mesure° de la cuisson et pliez-les en quatre ou roulez-les. Mettez-les dans un plat chaud.

saupoudrez
aur fur... successivement

UN BON CONSEIL : Dans la crêpe chaude, mettez soit une tranche de jambon ou du fromage, ou encore du sucre en poudre, de la confiture° ou du chocolat.

fruits cuits avec du sucre

Adaptation d'une recette de grand-mère

Avez-vous bien lu?

Avez-vous bien lu la recette des crêpes? Alors, pourquoi ne pas rassembler tous les ingrédients solides et liquides et préparer vous-même des crêpes? Bon appétit!

Exercices

Vrai ou faux?

Corrigez le sens de la phrase, s'il est faux.

1. Les crêpes sont une spécialité de Provence.
2. On verse le lait avant la farine.
3. On doit obtenir une pâte lisse.
4. On utilise du lait froid.
5. On verse beaucoup de pâte dans la poêle.
6. On saupoudre les crêpes de sel.

Scène à jouer

Imaginez que vous êtes un chef de cuisine bien connu. Démontrez devant la classe comment on fait des crêpes.

Points de vue

1. Connaissez-vous des spécialités d'autres régions françaises? Vous pouvez en chercher les recettes et les présenter à la classe.
2. Y a-t-il des recettes typiques de votre région? Donnez-en quelques exemples.
3. Est-ce que c'est un art de bien cuisiner? Expliquez votre réponse.
4. Aimez-vous cuisiner? Si oui, quelle est votre recette favorite? Parlez-en à la classe.
5. Comment préférez-vous manger les crêpes : avec une tranche de jambon ou du fromage, ou avec du sucre en poudre, de la confiture ou du chocolat?

19

Le Tabac : la guerre est déclarée

Pour mieux lire: You will find quite often that an unfamiliar word in French resembles a word that you have already learned. This is because in French, as in English, there are many word families (**familles de mots**), each derived from a single root.

For example, the words **fumer, un fumeur,** and **la fumée,** appearing in this reading passage, all relate to smoking and all belong to one word family. You probably know that the verb **fumer** means "to smoke." And, in turn, you might well understand that the noun **un fumeur** is a person who smokes and that the noun **la fumée** refers to smoke itself. Recognizing related words such as these helps you determine the meaning of new words and to expand your vocabulary easily. Although you may well have dealt with **familles de mots** throughout this book, try specifically as you read this article to identify other words belonging to familiar French word families and to determine their meanings.

La cigarette est-elle sur le point de perdre sa popularité en France? La consommation est en légère baisse (92 milliards de cigarettes ont été vendues en 1988, contre 94,2 en 1987) et le gouvernement a entrepris° une campagne anti-tabac. On ne peut plus fumer dans le métro, les autobus et dans certains compartiments des trains français. Pour les transports aériens, depuis 1990, tous les vols à l'intérieur du pays sont «non-fumeurs». Pour les vols° internationaux, les «fumeurs» sont séparés des «non-fumeurs». Des centaines de restaurants en font autant : il existe un service de Minitel qui indique les «restaurants sans fumée», environ 200 adresses. La SEITA (Société Nationale d'Exploitation Industrielle du Tabac et des Allumettes) copie, avec retard, ses concurrents° américains et entreprend de diversifier ses activités : 30% de son chiffre° d'affaires devrait se faire «hors tabac» d'ici cinq ans. Avec un quart de siècle de retard sur les Américains, les Français seraient-ils sur le point de renoncer à fumer?

    «Le tabac nuit° gravement à la santé» : plus moyen d'échapper à cet avertissement qui figurera en caractères gras sur tous les paquets de cigarettes à partir du 1er janvier 1993. Au verso°, les fabricants auront le choix entre une quinzaine de formules :

commencé

voyages en avion

compétiteurs
volume d'affaires

du verbe *nuire*:
   fait du mal à

au dos

«Fumer provoque le cancer», «Femmes enceintes, fumer nuit à la santé de votre enfant», ou, plus nouveau : «Chaque année, le tabac fait plus de victimes que les accidents de la route»...

Cependant, il y a toujours deux adolescents français sur trois qui fument. La proportion de très jeunes fumeurs (12–14 ans) est en augmentation et 36% des 12–18 ans continuent à fumer. Dans les lycées, on s'organise. On permet, on tolère, ou on interdit° la cigarette : chaque responsable de lycée en décide. Seules les écoles privées et religieuses interdisent catégoriquement la cigarette. Mais dans les écoles qui se déclarent «non fumeurs», les interdictions ne sont pas toujours respectées. Un surveillant° explique : «on ne peut pas placer quelqu'un derrière chaque arbre».

Un projet de loi a été déposé au Parlement qui interdirait la vente des cigarettes aux mineurs de moins de 16 ans. Est-ce-que cela découragera vraiment les jeunes de fumer ou est-il exact que, comme le pensent les éducateurs, «la cigarette est meilleure quand elle est interdite»? S'il y a une interdiction radicale du tabac... cela inciterait les élèves à fumer, à braver l'interdit.

La première attaque contre le tabac en France a été menée° en 1976 par Simone Veil, qui était alors Ministre de la Santé. La loi qu'elle a fait adopter interdit la publicité pour le tabac et interdit de fumer dans la plupart des lieux publics. Cette loi était dure, mais elle est peu respectée. Le Ministre actuel de la Santé a proposé une augmentation de 15% du prix des cigarettes pour 1991 et l'interdiction totale de la publicité et du «sponsoring» par les marques de tabac.

Une chose est claire : aucune loi ne peut convaincre les Français de se passer° de leur tabac bien-aimé. Un fumeur mécontent de la section «fumeur» dans un restaurant dit : «C'est du racisme, on va isoler les gens. De toutes façons, il y a de la pollution partout et les gens respirent tout ça! La cigarette, ce n'est pas la plus dangereuse».

Adaptation d'un article du *Quotidien de Paris*

---

supprime

personne qui est responsable de la discipline dans les lycées

conduite, faite

s'abstenir

Avez-vous bien lu?

En lisant «Le tabac : la guerre est déclarée» avez-vous trouvé de nouveaux mots qui ressemblent à des mots que vous connaissez déjà? Voici des exemples de quelques familles de mots fondés sur des mots employés dans la lecture :

consommer	la consommation	consommé(e)
fabriquer	le fabricant	la fabrication
formuler	la formule	la formulation
continuer	la continuation	continuellement
surveiller	le (la) surveillant(e)	la surveillance
vendre	la vente	le vendeur (la vendeuse)

Complétez les phrases suivantes à l'aide de cette liste.

La _____ de tabac en France est en légère baisse.
→ La consommation de tabac en France est en légère baisse.

1. On a _____ un avertissement qui devra figurer sur tous les paquets de cigarettes.
2. Malgré le danger, 36% des jeunes fumeurs âgés de 12 à 18 ans _____ à fumer.
3. Devrait-on _____ les cigarettes aux adolescents?
4. Même dans les écoles «non fumeurs», on ne peut pas _____ tous les élèves pour assurer que les interdictions soient respectées.
5. Les _____ devront entreprendre de diversifier leurs activités.

Exercices

Vrai ou faux?

Corrigez le sens de la phrase, s'il est faux.

1. En France, la consommation de tabac ne diminue pas.
2. Aujourd'hui, les Français peuvent fumer dans la plupart des lieux publics.

3. Les fabricants auront le choix entre une quinzaine de formules qui devront figurer sur tous les paquets de cigarettes à partir du 1er janvier 1993.
4. Il y a toujours un adolescent français sur trois qui fume.
5. Chaque responsable de lycée décide si on permet la cigarette.
6. Les éducateurs pensent que «la cigarette est meilleure quand elle est interdite».
7. La loi dure que Simone Veil a fait adopter est bien respectée.
8. Il est évident que la loi peut convaincre les Français de se passer de leur tabac bien-aimé.

Scènes à jouer

1. Imaginez que vous êtes un(e) journaliste qui travaille pour la télévision française. Vous faites un sondage d'opinion dans la rue. Vous posez la question suivante : «Pensez-vous que le gouvernement doive limiter les places pour fumeurs dans les lieux publics?» Choisissez quelques étudiants pour représenter les diverses opinions (pour ou contre) et interrogez-les devant les caméras de la télévision. Ensuite, faites un bref résumé oral (reportage) des résultats de votre sondage.
2. Un(e) étudiant(e) joue le rôle d'un fumeur (une fumeuse) mécontent(e) de la section «fumeur» dans un restaurant. Il (elle) présente des arguments variés, par exemple :

   ▼ C'est du racisme, on va isoler les gens.
   ▼ Il y a de la pollution partout; la cigarette n'est pas la plus dangereuse.
   ▼ ?

   Le (la) propriétaire essaie de lui répondre, par exemple :

   ▼ Ses clients demandent une section «non-fumeurs».
   ▼ La fumée pollue les arômes et le goût de la cuisine.
   ▼ ?

Points de vue

1. Selon l'article, les jeunes Français fument en grand nombre et de plus en plus tôt. Peut-on dire la même chose des jeunes Américains?
2. Les éducateurs français ont-ils raison d'insister que «la cigarette est meilleure quand elle est interdite»? Expliquez votre réponse.
3. Le fumeur mécontent de la section «fumeurs» dans un restaurant a-t-il le droit de se fâcher? Les fumeurs ont-ils certains droits, à votre avis?
4. Que pensez-vous de la loi que Simone Veil a fait adopter qui interdit la publicité pour le tabac et interdit de fumer dans la plupart des lieux publics?

Discutons

1. Pourquoi les Français seraient-ils sur le point de renoncer à fumer avec un quart de siècle de retard sur les Américains?
2. Est-ce que la société (ou le gouvernement) a le droit de supprimer la vente des cigarettes pour le bien-être des gens?
3. Est-ce que les écoles doivent avoir le droit d'interdire la cigarette?
4. À votre avis, quelle est la meilleure méthode pour convaincre les gens de ne pas fumer?
5. Est-ce que vous fumez? Pourquoi ou pourquoi pas?

Être étudiant :
un métier difficile

Pour mieux lire: This is a reading that you can approach not necessarily on the basis of broad general knowledge of the French university system and French students' way of life, but of personal experience. From your own experience, you can begin to orient your thinking by considering—and responding to—such questions as: What makes being a university student **un métier difficile** wherever you are? How are the needs of classes and studies, paying one's way, and having some rest and leisure time to be juggled? What is the fairest way to assist students in meeting the costs of a university education? Although individual responses will differ, organizing your thinking along lines such as these should help you follow the text with interest and identify with the subject matter. And after reading the article, your personal experience as a student may help you assess the content of the text itself and formulate your own reactions to the ideas presented.

Catherine D. a vingt-trois ans. Elle est étudiante en quatrième année de droit° à Nanterre.° Elle n'a pas de père. Sa mère ne travaille pas. Elle doit gagner sa vie toute seule. En cherchant dans le journal, elle a trouvé une place de serveuse dans un snack-bar près de la gare Saint-Lazare : 3 000 francs par mois° pour huit heures de travail de nuit. Comment assister aux cours quand on a passé une partie de la nuit (de six heures du soir à deux heures du matin) debout dans une atmosphère bruyante? «Pour moi, dit Catherine, les cours du matin sautent° la plupart du temps.»

études qu'on fait pour devenir avocat/centre universitaire près de Paris

environ $500 (1991)

ne pas y aller

François a fait tous les métiers : gardien de voitures, garçon de café, etc. Actuellement° il cherche du travail : il s'est adressé aux organismes étudiants, mais, dit-il, «à huit heures du matin, il y a quarante personnes qui font la queue° pour cinq ou six boulots mal payés.» Ce n'est pas exagéré, et les responsables des services de placement des étudiants reconnaissent eux-mêmes la difficulté de faire face aux demandes. «J'ai absolument besoin de travailler, dit François, c'est une question vitale et alimentaire,° un point c'est tout.»

En ce moment, maintenant

personnes qui font la queue

pour manger

Tout le monde est d'accord : l'argent doit venir de l'État. Mais comment le distribuer? Deux tendances se manifestent, toutes deux très controversées.

Donner la même somme à tous.

POUR : Les étudiants ne dépendraient plus «matériellement» de leurs parents. Les relations parents–enfants, et professeurs–étudiants, deviendraient celles d'un adulte responsable envers un autre adulte. L'étudiant serait rémunéré pour son travail intellectuel, comme d'autres pour leur travail de production. Les étudiants sont des apprentis° : les études qu'ils font serviront à la nation; si l'État les subventionne,° c'est finalement un investissement utile.

personnes qui apprennent un métier
soutient financièrement

CONTRE : Et si tous les fils de commerçants ou de parents aisés° se mettent à faire des études de philosophie aux frais du gouvernement, en attendant de reprendre l'affaire de leur père? Donner la même somme à tous, c'est favoriser les fils de familles aisées—qui sont actuellement en très large majorité à l'Université—dont beaucoup continueront à recevoir plus de leurs parents que de l'État. Ne ferait-on pas mieux de répartir° leur allocation entre les plus pauvres? C'est ce que propose le deuxième système d'allocation.

qui ont de l'argent

partager, distribuer

Donner à chacun selon ses besoins.

POUR : Cela permettrait d'adapter l'allocation à la situation personnelle de chaque individu. Son allocation serait calculée en fonction de l'aide qu'il peut attendre de ses parents s'il est jeune, en fonction de ses propres ressources s'il est plus âgé.

CONTRE : Cela constitue une bourse° qui sépare les riches des pauvres, et que certains étudiants trouvent humiliante. Et comment pourrait-on évaluer les ressources familiales? Enfin, dans ce système, les enfants de familles aisées restent dépendants de leurs parents.

aide financière

Que ce soit par pure nécessité ou par besoin d'indépendance, ils sont de plus en plus nombreux à travailler. Une statistique récente estime que 80 pour cent des étudiants prennent, au cours de° leurs études, un travail rémunéré. Et la moitié

au... pendant

d'entre eux consacre régulièrement à un travail alimentaire, un
temps que les plus favorisés peuvent employer à étudier, suivre
des cours, ou tout simplement se distraire° et se reposer. Ces   s'amuser
activités connues sous le nom de «travail noir»—car non dé-
clarées pour ne pas payer d'impôts—ne doivent plus être
considérées comme une image inséparable de la vie de bohème

des étudiants : elles peuvent mettre en danger leur santé et la réussite de leurs études. Autre statistique terrifiante : 90 pour cent des étudiants qui travaillent régulièrement échouent° à leurs examens! En gros, deux étudiants sur cinq travaillent régulièrement pendant l'année scolaire. Ils n'ont qu'une chance sur dix de réussir à leurs examens. Les chiffres sont là. Quelle solution?

ne réussissent pas

Le débat reste ouvert. Ce que disent tous les experts, tous les professeurs et tous les étudiants, c'est que le système actuel a besoin d'être changé. Il entraîne° trop d'échecs aux examens, trop de fatigue physique et morale chez les étudiants. Le folklore de l'étudiant sans argent qui fait des petits métiers amusants et réussit ses examens sans jamais aller au cours est dépassé°. Finis les mythes. Finie surtout la bohème. Tous doivent avoir de quoi faire des études à temps plein et dans des conditions décentes.

cause, amène

n'est plus actuel

Adaptation d'un article d'*Elle*

Avez-vous bien lu?

Avant de lire cet article, quelles idées aviez-vous au sujet du métier d'étudiant? Par exemple, à votre avis, qu'est-ce qui rend le métier d'étudiant difficile? Est-ce que c'est la nécessité de travailler? Le temps qu'il faut consacrer aux études? La vie de bohème des étudiants qui peut mettre en danger leur santé et la réussite de leurs études?

Exercices

Adjectifs

Trouvez l'adjectif qui correspond à chacun des noms suivants.

aliment ➜ alimentaire

1. vie
2. bruit
3. personne
4. responsabilité
5. nécessité
6. terreur

Vocabulaire

A *Complétez les phrases suivantes.*

> **Pour être indépendant, il faut *gagner* sa vie.**

1. À l'université, on _____ des cours.
2. On _____ parfois la nuit entière à étudier.
3. Au bureau de placement, plusieurs personnes _____ la queue.
4. À un examen il n'y a que deux possibilités : on _____ ou on _____, c'est tout.
5. Tant d'étudiants veulent travailler que le bureau de placement ne peut pas _____ face à la demande.

B *Complétez par* tout *à la forme convenable.*

> **Il a fait _____ les métiers. ➜ Il a fait *tous* les métiers.**

1. Elle est _____ seule ce soir.
2. Je n'ai pas peur, pas du _____.
3. _____ le monde est d'accord.
4. J'assiste aux cours _____ les matins.
5. Il faut donner la même somme à _____.
6. _____ les demandes ne peuvent pas être satisfaites.

Questions

1. Décrivez la situation de Catherine et celle de François.
2. Quel pourcentage d'étudiants en France ont, au cours de leurs études, un travail rémunéré? Et combien d'étudiants travaillent régulièrement pendant l'année scolaire?
3. Quelle autre statistique terrifiante peut-on citer concernant les étudiants qui travaillent régulièrement?
4. Quels sont les deux systèmes qu'on propose pour distribuer l'argent de l'État aux étudiants? Faites le résumé des avantages et des inconvénients des deux systèmes.
5. Pourquoi le système actuel a-t-il besoin d'être changé?

Scènes à jouer

1. Un(e) fils (fille) de parents aisés parle avec un(e) étudiant(e) qui doit travailler régulièrement. Tous (toutes) les deux parlent de leur vie d'étudiant(e) : le temps

consacré à un travail rémunéré, le temps employé à étudier et à se reposer. Imaginez ce qu'ils (elles) se disent et jouez cette scène.

2. Deux étudiant(e)s parlent de ce qu'on peut faire pour assurer que tout le monde a de quoi faire des études à temps plein et dans des conditions décentes. Ils ne sont pas toujours d'accord.

Discutons

1. Organisez un débat en classe. Le point de départ, c'est la proposition que l'État doit distribuer de l'argent aux étudiants pour être sûr qu'ils ont de quoi faire leurs études à temps plein et dans des conditions décentes. Considérez les deux tendances qui se manifestent : «donner la même somme à tous» ou «donner à chacun selon ses besoins».

2. En lisant cet article, avez-vous éprouvé de la sympathie pour Catherine et François? Connaissez-vous des étudiant(e)s dont la situation est semblable?

3. La vie d'un(e) étudiant(e) sans argent en France vous semble-t-elle très différente de celle d'un(e) Américain(e) dans une situation semblable? Expliquez.

4. Y a-t-il d'autres solutions pour les étudiants pauvres qu'on ne propose pas dans cet article? Par exemple, certaines personnes pensent que tous les étudiants devraient travailler à mi-temps pendant leurs études parce que c'est une expérience utile, qui forme le caractère. Qu'en pensez-vous?

5. Qu'est-ce qui rend la vie d'étudiant difficile à votre université?

6. À votre avis, quels sont les meilleurs emplois pour les étudiants?

7. Avez-vous jamais travaillé pendant vos études? Si oui, comment avez-vous trouvé l'expérience?

21

Le Temps libre

Pour mieux lire: Because this article on **le temps libre** appeared in the weekly news-magazine *l'Express,* you might expect it to be written in a journalistic style; however, the presentation is in fact rather academic. It is stylistically complex as compared to a more colloquial piece of writing, and a fairly formal structure prevails as the author progresses from a definition of her subject to a consideration of why leisure time has come to assume an increasingly important place in daily life. As she develops her thoughts, you will notice that she uses such words as **donc, enfin,** and **bref** to further her arguments and to show that conclusions are being drawn. You are thus given clear indications as to the direction the article is taking, and should be able to remain alert to the writer's developing line of thought.

Elle a dix-sept ans. Cette année elle a fait rêver tous les parents et les élèves en âge de passer le bac. Virginia Nowak, élève dans une institution privée, a obtenu 20 sur 20° en philosophie pour avoir rendu une copie originale sur le thème «le temps libre est-il en nous ou hors° de nous?» Cas unique dans les annales du baccalauréat.

Comment cette jeune fille douée° envisage-t-elle son avenir? Elle a répondu (à cette question posée par l'hebdomadaire° l'Express) qu'après une licence° de droit, elle voulait devenir journaliste. L'Express lui a donc demandé d'écrire un article sur le sujet «le temps libre». Voici des extraits de son article publié par cet hebdomadaire. À vous de juger.

la meilleure note possible
à l'extérieur, en dehors

qui a du talent
publication qui paraît toutes les semaines
diplôme universitaire qu'on obtient après trois ou quatre années d'études

Si l'on se penche sur° le problème du divertissement,° qui est le principal constituant du temps destiné aux loisirs,° on ne peut s'empêcher de penser que l'homme recherche, en fait, une certaine évasion. Il suffit de considérer l'origine latine du verbe *se divertir* : «divertere» signifie : «se détourner de soi». Le principal objectif du temps libre est de faire oublier à chacun ses problèmes et ses préoccupations. Tâche ardue, mais non pas impossible. Il suffit de lire un roman, de voir un film ou de se dépenser° physiquement dans un sport. Étant bien entendu que pendant cet intervalle, la concentration nécessaire et l'intérêt suscité° permettent d'oublier momentanément le monde. C'est ce que l'on peut appeler le divertissement au sens pascalien du terme, puisque Pascal pensait que l'homme, ne pouvant se suffire à lui-même, avait recours à des moyens de distraction qui lui donnaient l'illusion d'oublier ce qu'il était. On peut donc dire que le temps libre tend vers l'évasion.

se... considère/ amusement, distraction
temps libre

se... faire des efforts

provoqué

Il est intéressant de savoir pourquoi, à notre époque, le temps libre prend une place de plus en plus importante dans la vie quotidienne. L'explication qui vient immédiatement à l'esprit se rapporte, bien entendu, aux conditions de vie difficiles. De tous côtés, on entend les gens se plaindre° : le chômage, la précarité° de l'emploi, et bien d'autres problèmes qui exercent une tension accrue° sur l'existence de chaque individu. L'avenir, pour beaucoup, se présente sous un jour morose. Il est donc sûr que l'imagination libérée par les loisirs permet d'oublier momentanément une situation pénible.

se... dire qu'on est malheureux/ incertitude, insécurité
p.p. du verbe *accroître* = augmenter

Enfin, nous pouvons dire que si le temps libre compte de plus en plus, aujourd'hui, dans la vie des Français, c'est peut-être

parce qu'ils ont plus de possibilités. N'oublions pas, par exemple, la place prise par la radio et la télévision. Ce sont deux moyens de distraction parmi les plus faciles et les plus immédiats. Il existe également un grand nombre de clubs sportifs, d'ateliers manuels°...

endroit où l'on travaille avec les mains

De plus en plus d'activités sont proposées à tous, bref, tous les moyens sont mis à notre disposition pour nous distraire.

Le temps libre est donc, maintenant, non seulement pris en considération, mais aussi reconnu comme un élément essentiel de la vie de chacun. En fait, pour beaucoup de gens, les loisirs pourraient être un incontestable moyen d'épanouissement.° Il suffirait seulement d'en avoir conscience et d'utiliser pleinement nos heures de liberté.

d'ouverture (être plus ouvert)

V. N.

Adaptation d'un article de *l'Express*

Avez-vous bien lu?

Ecrivez des phrases où vous employez de façon correcte les mots **donc, enfin** et **bref.**

➜ **Dans le temps destiné aux loisirs, l'homme cherche à se divertir. On peut** *donc* **dire que le temps libre tend vers l'évasion.**

Exercices

Questions

1. Qui est Virginia Nowak?
2. Comment Virginia envisage-t-elle son avenir?
3. Selon Virginia, quel est le principal objectif du temps libre?
4. Pourquoi, à notre époque, le temps libre est-il de plus en plus important dans la vie quotidienne?
5. Quels moyens de distraction existent pour les Français aujourd'hui?

Points de vue

Etes-vous d'accord avec Virginia sur les idées suivantes? Expliquez vos réponses.

1. En ce qui concerne le problème du divertissement : «l'homme recherche, en fait, une certaine évasion».
2. «Le principal objectif du temps libre est de faire oublier à chacun ses problèmes».
3. «... si le temps libre compte de plus en plus..., c'est peut-être parce qu'ils ont plus de possibilités».

Discutons

1. Si vous deviez parler du sujet «le temps libre», quelles seraient vos idées principales?
2. Pouvez-vous imaginer que vous obtenez 20 sur 20 comme Virginia pour le sujet «le temps libre est-il en nous ou hors de nous»? Pourquoi?

3. Après avoir lu l'article, croyez-vous que les étudiants au niveau du bac sont plus instruits que les étudiants américains du même âge? Défendez votre point de vue.

4. Croyez-vous que le temps libre prenne une place de plus en plus importante dans la vie américaine? Donnez des exemples.

5. À votre avis, le temps libre est-il un sujet important à notre époque? Pourquoi?

22

Vive Brassens

Pour mieux lire: Following this reading recapping the life of Georges Brassens, one of France's most famous **poètes-chansonniers,** we are given the full text of his well-known song *L'Auvergnat.* This is dedicated, as you will learn, to Marcel, who befriended Brassens during the difficult early period before he had established himself in his career. Because this is a poem, as you read *L'Auvergnat,* try not only to grasp its literal meaning, but also to appreciate its lyrical qualities. Note the repetition of key lines and phrases—typical in a song—and their cumulative effect in evoking the poet's powerful feelings about his friend.

Georges Brassens, poëte-chansonnier,° a conquis un vaste public par ses chansons souvent irrévérencieuses et anticonformistes. Celles-ci restent gravées° dans la mémoire de plusieurs générations de Français.

auteur et chanteur de ses chansons

fixées

Né en 1921 à Sète dans le sud de la France, Brassens a eu une enfance calme et sans histoires. En évoquant° cette première période de sa vie il dit : «Si je me suis intéressé à la chanson, c'est surtout parce que tout le monde chantait... Je me suis mis à chanter avec ma mère, mon père et ma sœur. Ma mère surtout chantait, chantait. Je vivais dans un bain de chansons.» À quatorze–quinze ans il écrit de la poésie. À l'école, c'est un de ses profs qui lui fait connaître Baudelaire, Valéry, Verlaine et Rimbaud : «On était des brutes, on s'est mis à aimer ces poètes, grâce à ce prof, je me suis ouvert à quelque chose de grand. Alors, j'ai voulu devenir poète.»

parlant de

À dix-huit ans, il monte à Paris pour essayer de réaliser son rêve. Mais la guerre arrive et, comme beaucoup de jeunes gens de son âge, il est envoyé au Service du Travail Obligatoire en Allemagne.

Les années d'après-guerre sont des années noires pour Georges Brassens. Ayant renoncé à devenir poète, il écrit à l'un de ses amis : «La chanson, voilà mon destin, c'est court et facile.»

À Paris, il habite chez Jeanne et Marcel, qui le soutiendront en ces temps difficiles. Jeanne est bretonne° et Marcel est auvergnat.° Deux des plus belles chansons de Brassens leur seront dédiées : «Chez Jeanne»

originaire de Bretagne (nord-ouest)
originaire d'Auvergne (centre de la France)

> *Chez Jeanne, la Jeanne*
> *Son auberge est ouverte aux gens sans feu ni lieu*
> *On pourrait l'appeler «L'auberge du Bon Dieu».*

et «L'Auvergnat»

> *Elle est à toi cette chanson*
> *Toi l'Auvergnat qui sans façon°*
> *M'a donné quatre bouts de bois,*
> *Quand dans ma vie il faisait froid.*

sans... *simplement*

Il occupe chez eux une petite chambre sans eau, sans gaz et sans électricité; il doit faire sa toilette° dans la cour de la maison.

En 1947, il rencontre la femme qu'il appellera «Püppchen» (petite poupée—en allemand) et qui sera son amie de toujours,

faire... *se laver, se brosser les dents,...*

même s'ils décident de ne jamais vivre en ménage° : chacun a sa maison. C'est à cette femme qu'il s'adresse dans la chanson «La non-demande en mariage» :

vivre... en couple

> *J'ai l'honneur de ne pas te demander ta main*
> *Ne gravons pas nos noms au bas d'un parchemin°*

parchemin

Ce qui n'empêche pas Brassens de dire : «je suis l'homme le plus fidèle qui soit.» Cette fidélité s'applique aussi aux «copains» qui comptent aussi beaucoup dans sa vie. En effet, c'est un de ses amis qui le présente à Patachou° en 1952. Celle-ci est tout de suite enthousiasmée et décide de chanter quelques-unes de ses chansons; «quant aux autres», lui dit-elle, «je les aime beaucoup, mais elles ne sont pas pour moi! Alors c'est vous qui allez les chanter»—«Je ne pourrai jamais. Je n'ai pas de voix», répond-il. Mais un soir elle le pousse sur scène,° devant le public. Georges Brassens devient donc interprète malgré lui.

célèbre chanteuse

scène

Le lendemain, un grand journal parisien écrit «Patachou a découvert un poète.» Un pied sur une chaise, la guitare à la main, il chante comme pour des copains. «Enfin quelqu'un dont l'humour était à la fois tendre et féroce, qui parvenait à se montrer totalement original, tout en étant l'héritier d'une tradition française de «poètes-chansonniers», contestataires de l'ordre établi. Et cela avec une présence incontestable», écrit une personnalité du music-hall, bien connue à l'époque.

Cette même année il sort son premier disque, et l'année suivante Brassens se produit à Bobino.° Sa carrière démarre° enfin.

célèbre music-hall parisien/ commence, débute

Après de nombreuses années d'une grande popularité, le poète resté modeste et tient à vivre à l'écart° de la vie publique. Quand on veut l'interviewer, il déclare : «C'est sur mes chansons qu'il faut me juger. Brassens n'est pas ailleurs. Mes chansons contiennent plus que ce que je dis, c'est elles qu'il faut interroger… Je suis tout entier là-dedans…» En 1976, lors de son dernier passage à Bobino, il confie à un ami : «J'ai dû laisser de côté une trentaine de chansons. J'ai une réserve suffisante pour la vie. À condition, bien sûr, de ne pas vivre cent ans.»

    à… loin (de)

C'est en 1981 que Georges Brassens apprend qu'il est atteint d'un cancer généralisé. Il souhaite alors retourner dans son pays natal pour s'y réfugier; c'est là qu'il mourra une semaine après son soixantième anniversaire.

Georges Brassens a vendu à ce jour vingt millions de disques et albums. Il est l'auteur-compositeur de plus de 130 chansons. Il a reçu de nombreux prix, notamment le Grand Prix de Poésie de l'Académie française en 1967.

CHANSON POUR L'AUVERGNAT

Elle est à toi cette chanson
Toi l'Auvergnat qui sans façon
M'as donné quatre bouts de bois
Quand dans ma vie il faisait froid
Toi qui m'as donné du feu quand
Les croquantes et les croquants°
Tous les gens bien intentionnés
M'avaient fermé la porte au nez
Ce n'était rien qu'un feu de bois
Mais il m'avait chauffé le corps
Et dans mon âme° il brûle encore
À la manièr' d'un feu de joie.

    croquantes… archaïques : gens ordinaires

    soul

Toi l'Auvergnat quand tu mourras
Quand le croqu'mort° t'emportera
Qu'il te conduise à travers ciel
    Au père éternel.

    personne chargée d'enterrer les morts

Elle est à toi cette chanson
Toi l'hôtesse qui sans façon
M'as donné quatre bouts de pain
Quand dans ma vie il faisait faim

Toi qui m'ouvris ta huche° quand   coffre pour le pain (arch.)
Les croquantes et les croquants
Tous les gens bien intentionnés
S'amusaient à me voir jeûner°   être privé de nourriture
Ce n'était rien qu'un peu de pain
Mais il m'avait chauffé le corps
Et dans mon âme il brûle encore
À la mannièr' d'un grand festin°   repas de fête

Toi l'hôtesse quand tu mourras
Quand le croqu'mort t'emportera
Qu'il te conduise à travers ciel
     Au père éternel.

Elle est à toi cette chanson
Toi l'étranger qui sans façon
D'un air malheureux m'as souri
Lorsque les gendarmes m'ont pris
Toi qui n'as pas applaudi quand
Les croquantes et les croquants
Tous les gens bien intentionnés

Riaient de me voir emmener
Ce n'était rien qu'un peu de miel
Mais il m'avait chauffé le corps
Et dans mon âme il brûle encore
À la manièr' d'un grand soleil

Toi l'étranger quand tu mourras
Quand le croqu'mort t'emportera
Qu'il te conduise à travers ciel
     Au père éternel.

de Georges Brassens,
Poésie et Chansons

Avez-vous bien lu?

Dans la «Chanson pour l'Auvergnat,» Brassens s'adresse de façon poétique à l'ami qui l'a soutenu en des temps difficiles. Et il évoque par contraste les actions des autres, «tous les gens bien intentionnés,» qui n'ont rien fait.

1. Pouvez-vous expliquer ce que l'ami de Brassens a fait pour lui en des temps difficiles? Et par contraste, qu'ont fait «tous les gens bien intentionnés»?

2. Quel a été l'effet de la bonté de Marcel sur l'âme du poète?

3. Quel est l'effet des répétitions et des refrains dans cette chanson? Est-ce qu'ils contribuent, par exemple, à son effet lyrique et poétique? Est-ce qu'ils soulignent des idées qui sont importantes pour le poète? Expliquez.

Exercices

Familles de mots

Un compositeur... ➜ Un compositeur compose de la musique.

1. Un écrivain...
2. Un poète...
3. Un romancier...
4. Un chansonnier...
5. Un critique...
6. Un conteur...
7. Un comédien...

Questions

1. Décrivez un peu l'enfance de Brassens.
2. Comment Brassens a-t-il découvert la poésie?
3. Pourquoi est-ce que les années d'après-guerre ont été noires pour Brassens?
4. Qui sont Jeanne et Marcel, et qu'est-ce qu'ils ont fait?
5. Qui est Püppchen, et comment est-ce qu'elle a été importante dans la vie de Brassens?
6. Qui est Patachou, et qu'est-ce qu'elle a fait pour Brassens?
7. Ce poète pensait-il devenir chanteur? Pourquoi?
8. D'après ce qu'il dit quand on veut l'interviewer, que contiennent ses chansons?

Points de vue

1. Décrivez vous-même la personnalité de Brassens comme vous l'avez perçue après la lecture de l'article et du poème.

2. Brassens a affirmé : «Mes chansons contiennent plus que ce que je dis, c'est elles qu'il faut interroger... Je suis tout entier là-dedans....» Ayant lu sa «Chanson pour l'Auvergnat», croyez-vous qu'il est tout entier là-dedans? Expliquez votre réponse.
3. Comment les gens importants dans la vie de Brassens l'auraient-ils décrit? Imaginez, par exemple, que sa soeur parle de sa jeunesse; Jeanne et Marcel évoquent les années d'après-guerre; Patachou se souvient de leurs premières rencontres.

Discutons

1. Croyez-vous qui'il y ait une tradition tout à fait française de poètes-chansonniers qui sont contestataires de l'ordre établi? Ou, par contre, y a-t-il aussi des poètes-chansonniers américains qui sont très bien connus?
2. Comment avez-vous trouvé la «Chanson pour l'Auvergnat»?
3. Renseignez-vous sur d'autres chanteurs ou chanteuses français et présentez vos recherches à la classe. Si c'est possible, écoutez en classe quelques-unes de leurs chansons.

Roquefort : le roi des fromages

Pour mieux lire: You will be able to anticipate and to follow with relative ease the development of this reading on **le roi des fromages** as you perceive how it is structured. The text, as you will see, treats different aspects of the topic in a clear-cut way, presenting varying types of information about Roquefort cheese. The first part, with its own subtitle, **«La Légende»,** is clearly evident. Subsequent portions, not subtitled, deal with Roquefort cheese in history, a scientific explanation of how this distinctive cheese is formed, and information about how it is made and marketed. Each portion consists of a main idea and related supporting information. Try to watch for both as you read.

La Légende :

«Il était une fois un jeune berger° qui gardait son troupeau° près
d'une grotte sur le Cambalou, ce grand rocher qui domine le
village de Roquefort. Ce berger déjeunait d'un morceau de pain
et de fromage fait du lait de ses brebis°. Soudain°, il voit passer
une jeune bergère et décide de la suivre à travers les champs, pour
lui faire la cour°. Il dépose son pain et son fromage dans une
cavité de la roche. Quelques mois plus tard, il revient au même
endroit. Il voit que le fromage est devenu vert-bleu. Mais comme
il a très faim, il le goûte et il crie au miracle, car c'est très bon. Il
recommence l'expérience et le miracle se reproduit. C'est ainsi
qu'est né, dit la légende, le Roquefort … des amours d'un berger
et d'une bergère.»

garçon qui garde/
les moutons

brusquement

essayer de séduire

brebis

   Le Roquefort remonte aux temps les plus anciens, jusqu'à
la préhistoire. La première mention du mot Roquefort date de
1060, mais en l'an 800 Charlemagne faisait déjà venir du fromage
de ce pays jusqu'à son palais d'Aix-la-Chapelle.

Tous les rois de France ont goûté et ont apprécié le Roquefort et les habitants du village de Roquefort ont décidé de défendre leur fromage qui était leur fierté°. Donc, depuis 1666, un arrêt° du Parlement de Toulouse punit les contrefaçons° et on ne peut faire de Roquefort qu'à Roquefort. En 1925, le Parlement de Paris a voté une loi qui disait que seuls les fromages fabriqués avec du pur lait de brebis et affinés° dans les caves du village pouvaient porter le nom de Roquefort.

vanité, orgueil

une loi, un décret/ *imitations*

préparés d'une certaine façon

La roche des caves de Roquefort est un milieu biologique tout à fait spécial, qui donne naissance à une subtance naturelle : Le PENICILLIUM ROQUEFORTI. Il ne faut pas confondre le PENICILLIUM ROQUEFORTI avec la pénicilline à usage médical, dont le nom est proche. Dans les vastes caves, l'air humide circule à travers les failles°, tout le secret est là.

ruptures entre les rochers

Ce phénomène extraordinaire maintient dans les caves une température de 8 degrés centigrades et une humidité de 95%, été comme hiver. Lorsque le fromage est placé dans cette ambiance, le PENICILLIUM ROQUEFORTI le transforme peu à peu, lui

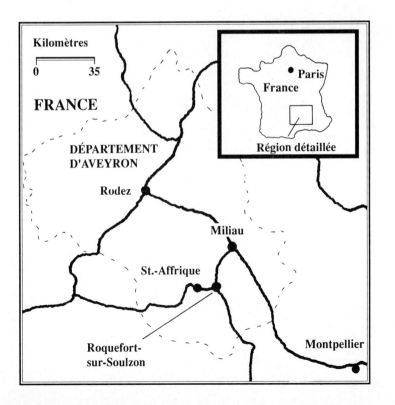

donnant l'arôme et la saveur caractéristiques du Roquefort, ainsi que la fine coloration bleu-vert.

La fabrication d'aujourd'hui se fait avec toutes les connaissances scientifiques actuelles mais reste aussi traditionnelle. Le berger, comme autrefois, guide son troupeau de brebis d'un pâturage à l'autre, parcourant parfois jusqu'à 15 km par jour. Ces bêtes° appartiennent à la race «Lacaune», sélectionnée pour sa production de lait. La qualité du Roquefort dépend surtout du lait riche et parfumé des brebis de la région.

animaux

La coopérative° essaie d'adapter le fromage aux différents goûts des consommateurs. En France, dans le Sud, les gens préfèrent le Roquefort un peu plus fort que les gens du Nord. Et les Américains préfèrent un Roquefort encore moins fort.

organisme qui regroupe des producteurs

Le goût du Roquefort, c'est difficile à décrire! En tout cas les amoureux du Roquefort sont tous d'accord : c'est le fromage des rois et le roi des fromages!

D'après les dépliants de la «Société» et la transcription de la vidéo, «Roquefort le roi des fromages,» Actuel video, Inc.

Avez-vous bien lu?

Avez-vous réussi à trouver l'idée principale de chaque partie de ce texte? Essayez de faire la liste des idées principales et ensuite ajoutez quelques faits pour les développer.

1. Selon la légende, le Roquefort est né des amours d'un berger et d'une bergère.

   ▼ Le berger, déjeunant d'un morceau de pain et de fromage, voit passer une jeune bergère et décide de la suivre. Il dépose son pain et son fromage dans une cavité de la roche. Quelques mois plus tard il retrouve son fromage, qui est devenu vert-bleu.

2. _____

   ▼ _____

   _____

3. _____

   ▼ _____

   _____

4. _____

   ▼ _____

   _____

Exercices

Synonymes

Il était une fois un jeune berger qui gardait *ses moutons* près d'une grotte sur le Cambalou. ➜ Il était une fois un jeune berger qui gardait *son troupeau* près d'une grotte sur le Cambalou.

1. Le jeune berger *a laissé* son fromage dans une cavité de la roche.
2. À Roquefort, leur fromage était leur *orgueil*.
3. Le penicillium roqueforti donne au fromage son arôme et son *goût* caractéristiques.
4. La fabrication du fromage se fait avec toutes les connaissances scientifiques *contemporaines* mais reste traditionnelle.
5. La coopérative essaie d'adapter le fromage aux différents goûts des *acheteurs*.

Questions

1. Racontez la légende qui dit que le Roquefort est né des amours d'un berger et d'une bergère.
2. Qu'est-ce que vous pouvez dire sur l'histoire du Roquefort?
3. Quels fromages peuvent porter le nom de Roquefort?
4. Pourquoi est-ce qu'on peut dire que la roche des caves de Roquefort est un milieu biologique tout à fait spécial?
5. De quoi dépend la qualité du Roquefort, en particulier?
6. Comment est-ce qu'on adapte le fromage aux différents goûts des consommateurs?

Scènes à jouer

1. Jouez la scène légendaire où le jeune berger retrouve son fromage après quelques mois. Il crie au miracle; il recommence l'expérience. Il parle de sa découverte à la bergère qu'il a suivie. Elle lui pose beaucoup de questions.
2. Imaginez que vous êtes un berger qui guide un troupeau d'un pâturage à l'autre. Vous parlez à un(e) journaliste, joué(e) par un(e) autre étudiant(e), de l'importance de vos bêtes, qui appartiennent à la race «Lacaune» :

   ▼ Cette race est sélectionnée pour sa production de lait.
   ▼ La qualité du Roquefort dépend surtout du lait riche et parfumé de ces brebis.

   Le (la) journaliste s'intéresse à la fabrication du fromage aussi bien qu'à la vie des bergers.

Discutons

1. Connaissez-vous le Roquefort? Pouvez-vous en décrire le goût? Préférez-vous un Roquefort fort ou moins fort?
2. Quel fromage français préférez-vous? Pourquoi?
3. Pouvez-vous citer d'autres spécialités gastronomiques qui remontent aux temps les plus anciens?
4. Seuls les fromages fabriqués avec du pur lait de brebis et affinés dans les caves du village peuvent porter le nom de Roquefort. Quels autres fromages et spécialités gastronomiques portent le nom de leur village ou de leur région?
5. Que pensez-vous de la vie des bergers? Est-ce que c'est une vie agréable ou difficile, à votre avis?

Troisième partie

24

Le Festival de Cannes

Pour mieux comprendre: **Le Festival de Cannes** presents a varied overview of this unique international gathering that takes place each year in May. Much of the information is factual and descriptive as the author relates the Festival's historical background or considers its worldwide influence. However, in the opening paragraphs and again at the end, she uses figurative language to evoke the passionate atmosphere and heady glamor of this gathering—the scene is set from the beginning when the Festival is compared to «**une déclaration d'amour au cinéma**». We are taken immediately beyond mere description to grasp directly the intensity of the participants' feelings. Watch for the author's few other well-chosen comparisons toward the end of the article and try to appreciate their effect in further enhancing this broad evocation of the grandest «**fête du cinéma**».

Le Festival International du Film de Cannes est avant tout une
déclaration d'amour au cinéma : c'est un rendez-vous unique au
monde. Le dénominateur commun à tous ceux qui viennent au
Festival est la passion des films. Cannes est aussi, au mois de mai,
le lieu de rencontre des réalisateurs°, des comédiens, des produc-   auteurs d'un film
teurs, des techniciens et un marché où se vendent et s'achètent
des films venus du monde entier. L'art et les affaires se côtoient°,   rencontrent
chaque année, au printemps, sur la Croisette°.   promenade du bord de mer

    La grande fête du cinéma règne alors sur la ville, au bord de
la mer Méditerranée, avec ses vedettes°, ses bousculades°, et un   acteurs, actrices très
énorme public avide de voir les dames en robes du soir, les   connue(e)s/mouvement
                                                                          de foule
messieurs en smoking°, gravir° les marches du Palais des Festi-   **monter**

smoking

vals. À Cannes, pendant le Festival, certains peuvent voir jusqu'à 60 films en 10 jours!

Le Festival a eu des débuts difficiles. Le premier Festival de Cannes, créé par le Ministère des Affaires Étrangères et le Ministère de l'Éducation Nationale français, devait avoir lieu du 1er au 20 septembre 1939. L'idée en avait été lancée° en réaction contre le Festival de Venise, qui, dans l'Italie de Mussolini, était passé complètement sous influence fasciste. Alors qu'Hitler signait un Pacte de Non-Agression avec l'URSS, des Américains comme Mae West, Douglas Fairbanks, Tyrone Power et Gary Cooper s'étaient embarqués sur un transatlantique pour être présents à l'inauguration du Festival. Mais le 1er septembre 1939, Hitler envahit la Pologne, le 3 la guerre est déclarée. Il faudra attendre 7 ans pour que le premier Festival de Cannes puisse avoir lieu.

proposée

Première grande manifestation° culturelle et artistique de l'après-guerre, le Festival de 1946 a été le symbole tangible de la paix retrouvée. 21 pays ont accepté d'y participer et Cannes est subitement devenue la capitale du cinéma, le lieu des retrouvailles° annuelles entre cinéastes et cinéphiles du monde entier.

réunion de beaucoup de personnes

quand les gens se retrouvent

Depuis, le Festival a lieu, chaque année, en mai. Son importance augmente d'année en année. Les films présentés en compétition sont jugés par un jury international, composé de

ℓCalioateurs, auteurs, acteurs, producteurs, techniciens, personnalités littéraires ou artistiques. Pendant 10 jours, les films
occupent, à plein temps, 20 salles de projection.

L'influence que le Festival a exercée sur le cinéma mondial
est immense. Le néo-réalisme italien, par exemple, a pu
s'affirmer° grâce aux nombreux prix remportés par les cinéastes   *montrer son importance*
italiens, depuis celui de «Rome ville ouverte» de Roberto
Rossellini, en 1946. Le public européen a découvert les cinémas
japonais, suédois, indien, grâce au Festival. Ces dernières
années, grâce à la perestroïka, les films soviétiques ont refait leur
apparition à Cannes, ce qui a aidé à les faire connaître à l'Ouest.

De nombreux films présentés à Cannes sont américains et
plusieurs metteurs en scène° américains ont remporté° la Palme   *réalisateur/reçu*
d'Or, prix du meilleur film du Festival. Au cours des dernières
années, Steven Spielberg, Martin Scorcese, David Lynch, notamment, ont reçu la Palme d'Or.

Gagner un prix à Cannes peut déterminer le succès d'un
jeune metteur en scène, redonner son éclat° à un réalisateur un   *prestige*
peu oublié, favoriser la distribution d'un film. Mais être présenté
à Cannes n'est pas une garantie de diffusion mondiale.

Cannes est un rituel, une grande messe annuelle. On ne peut
qu'imaginer ce que représente, pour un réalisateur, pour des
comédiens, l'émotion de la sacro-sainte° montée des marches du   *sacrée*
Palais du Festival, avant la représentation de leur film. Il y a là
une vraie mise en scène, comme pour une super production.

C'est à Cannes que chaque année les professionnels peuvent
mesurer leur popularité, leur statut, leur importance.

Par Ginette Blllard du *Film français*.

Avez-vous bien lu?

Vers la fin de cet article, l'auteur évoque de nouveau la signification profonde du Festival,
d'abord, à l'aide d'une image religieuse. À quoi compare-t-elle le Festival? Comment
est-ce qu'elle développe la comparaison à travers le paragraphe? Quel est l'effet de cette
image?

Dans ce même paragraphe, l'auteur conclut : «Il y a là une vraie mise en scène, comme
pour une super production». Quelle comparaison établit-elle ici? Pourquoi est-ce que cette
comparaison est particulièrement appropriée?

Exercices

Vocabulaire du cinéma

Complétez les phrases suivantes en choisissant le mot approprié de la liste ci-dessous.

un réalisateur/une réalisatrice
un comédien/une comédienne
un producteur/une productrice
la mise en scène
un cinéaste

1. _____ assure le financement pour la réalisation d'un film.
2. _____ dirige toute les opérations nécessaires pour créer un film.
3. Celui qui dirige les comédiens s'appelle _____ ou _____.
4. _____, c'est un acteur (une actrice).
5. Quand on parle de _____, on parle de la création du film : le décor, les mouvements des acteurs, etc.

Questions

1. Que devient Cannes au mois de mai?
2. Décrivez la ville de Cannes pendant la grande fête du cinéma.
3. Pourquoi a-t-on essayé de créer le premier Festival de Cannes? Et pourquoi en fait a-t-on dû attendre sept ans pour que le premier Festival de Cannes ait lieu?
4. De qui est composé le jury international du Festival?
5. Décrivez l'influence que le Festival a exercée sur le cinéma mondial, en donnant des exemples.
6. Au cours des dernières années, quels Américains ont remporté la Palme d'Or?
7. Gagner un prix à Cannes peut avoir quel effet pour un jeune metteur en scène? pour un réalisateur un peu oublié? pour un film?
8. Quelle est «la vraie mise en scène» décrite par l'auteur vers la fin de l'article?

Scènes à jouer

1. Imaginez que vous vous trouvez à Cannes pendant le Festival. Un(e) journaliste américain(e), joué(e) par un(e) autre étudiant(e), vous interviewe. En répondant aux

questions, vous décrivez de votre mieux «la grande fête du cinéma» qui règne sur la ville.

2. Deux ami(e)s qui vont aller au cinéma parlent de leurs préférences. L'un(e) préfère les films traditionnels américains. L'autre a découvert le cinéma européen ainsi que les cinémas japonais, indien et soviétique. Imaginez ce qu'ils (elles) se disent.

Points de vue

1. Vous semble-t-il que l'auteur exagère quand elle attribue un caractère presque sacro-saint au rituel de Cannes? Expliquez votre réponse.
2. Connaissez-vous les films des Américains qui ont remporté la Palme d'Or au cours des dernières années? Si oui, qu'en pensez-vous?
3. Cannes est-elle vraiment «la capitale du cinéma»? Pourquoi, ou pourquoi pas, à votre avis?

Discutons

1. Êtes-vous jamais allé(e) à un festival du film? Si oui, décrivez-le.
2. Y a-t-il certains cinéastes qui ne sont pas américains que vous aimez? Expliquez votre réponse.
3. Avez-vous la passion du cinéma? Quels genres de films préférez-vous?
4. Qui est votre acteur favori? votre actrice favorite?

Sujet de composition

Parlez d'un film que vous avez vu récemment. (1) Décrivez l'intrigue et les personnages. (2) Est-ce que vous pouvez recommander ce film? Pourquoi ou pourquoi pas?

25

Les Marcheurs de Saint Maximin

▼

Pour mieux lire: As this article is developed, we move from a description and history of the centuries-old religious procession honoring Saint Maximin in the French **département de Haute-Vienne** to consideration of its significance for the participants. Why, several of them are asked, do they wish to take part in this very demanding yearly observance? As you read, noting this progression within the article, it can be illuminating to analyze the participants' own explanations and also to ask yourself what must have impelled people since 1591 to follow the route, marked by crosses, that will take them over a distance of 52 kilometers. Is religious fervor an all-compelling factor or are there other motives? Do you think the participants' motives may have changed over the centuries? Finally, does this **longue marche** strike you as a particularly French phenomenon, or are there universal aspects?

Depuis des siècles, dans une ville qui s'appelle Magnac-Laval, en Haute-Vienne, se déroule la procession la plus longue du monde. Elle a lieu en l'honneur de Saint Maximin. C'est une procession de neuf lieues.°

    «Attention, dit Marc, un des jeunes marcheurs, il ne s'agit pas de la lieue qui fait quatre kilomètres, mais de l'ancienne lieue qui vaut près de six kilomètres.» Donc, la procession parcourt° un peu plus de cinquante-deux kilomètres! «Elle n'a jamais été interrompue depuis 1591!» ajoute Mlle Albin, habitante du village. «Même pendant les révolutions, même pendant les guerres.»

    Chaque année, le Lundi de la Pentecôte° après une messe célébrée à minuit, des hommes, des femmes, des enfants se mettent en route° pour faire, en principe°, neuf lieues, portant des couronnes° vertes et blanches autour du cou ou suspendues à

ancienne mesure de distance

couvre une distance

fête chrétienne

se... partent
en... en théorie

couronne

la ceinture. Leur nombre augmente d'année en année; en 1960, ils n'étaient que 200, alors qu'en 1980 il y avait presque 800 marcheurs.

Le prétexte : Saint Maximin, né près de Magnac d'une famille aristocratique à la fin du XIIᵉ siècle. Prêtre,° il a essayé de convertir les paysans à la religion chrétienne.

un religieux

Le chemin que prennent les marcheurs suit depuis cinq siècles le même parcours marqué par des croix. Chaque année la procession part de l'église et va de croix en croix. Il y en a quarante-huit en tout, décorées par les fermiers° dont les terres se trouvent sur le parcours des marcheurs.

hommes qui travaillent la terre

«Je n'y crois pas beaucoup» déclare Lucien, qui consomme son pastis° au bar du Central-Hôtel. «Mais ce que je sais, c'est qu'un homme qui avait refusé que les marcheurs traversent son champ, le soir, il était mort.»

boisson alcoolisée, spécialité du Midi

Et pourquoi les autres font-ils cette longue marche qui peut durer dix-huit heures ou plus, et parfois sous la pluie?

Jacky a vingt-cinq ans et a participé à neuf processions. «La première fois, j'avais quatorze ans, des copains m'en avaient

parlé. Au début, on vient par curiosité, pour connaître le parcours... Et puis, année après année, c'est devenu une nécessité, morale, surtout : cela permet de savoir ce que l'on est capable de faire sur le plan physique».

François, quinze processions, travaille dans une banque à Paris, mais Magnac-Laval est son pays natal.° «La saint Maximin», dit-il, «c'est l'occasion de nous retrouver entre nous, provinciaux et fiers° de l'être, dans le respect de la tradition, la fidélité au pays et aux amis de notre enfance.»

Ceux qui participent à une procession entière reçoivent une médaille° de Saint Maximin; après trois processions, on obtient

médaille

une palme de bronze. Les marcheurs sont unanimes—la maladie seule pourrait les empêcher de partir le Lundi de la Pentecôte avec les autres, dans la nuit.

Adaptation d'un article du *Monde Dimanche*

où il est né

contents

Avez-vous bien lu?

Pourquoi est-ce que ces hommes, ces femmes et ces enfants se mettent en route chaque année pour faire neuf lieues en l'honneur de Saint Maximin? Pour répondre, résumez d'abord les explications des marcheurs eux-mêmes :

1. Lucien: _____

_____

2. Jacky: _____

_____

3. François: _____

_____

Ensuite, faites votre propre analyse. Quelle semble être l'importance, par exemple, de la piété religieuse pour ces marcheurs, du besoin de tester leurs forces, du respect de la tradition et de la fidélité au pays et aux amis?

Exercices

Synonymes

1. Cette procession *a lieu* en Haute-Vienne.
2. Ce train peut *couvrir* les 260 kilomètres en deux heures.
3. Jean-Pierre *part* à huit heures tous les matins.
4. Ce sont les *agriculteurs* qui décorent les croix.
5. Michel est sorti ce soir avec ses *camarades*.

Questions

1. Combien de kilomètres parcourt la procession de la Saint Maximin?
2. Quand a lieu la procession?
3. Qu'est-ce que Saint Maximin a essayé de faire?
4. Décrivez un peu le parcours.
5. Que reçoit-on après avoir fait une procession entière? Après trois processions?
6. En quoi les marcheurs sont-ils unanimes?

Scène à jouer

Un(e) étudiant(e) est journaliste. Il (Elle) parle avec des marcheurs de Saint Maximin, joués par d'autres étudiant(e)s, en essayant de déterminer pourquoi ils (elles) font cette longue marche.

Points de vue

1. Pourquoi, à votre avis, est-ce que le nombre de marcheurs augmente d'année en année?
2. Y a-t-il des traditions similaires aux États-Unis qui restent importantes?
3. Trouvez-vous les explications de Lucien, Jacky et François convaincantes? Expliquez votre réponse.

4. Si vous étiez français(e), voudriez-vous participer à la procession? Pourquoi, ou pourquoi pas?

Discutons

1. Connaissez-vous d'autres traditions religieuses en France qui sont encore populaires?
2. Participez-vous à des traditions de votre religion? Lesquelles? Pourquoi?
3. Parmi vos activités, y en a-t-il où vous essayez de tester vos forces, comme l'explique Jacky?
4. Quels sont vos liens avec l'endroit où vous avez passé votre enfance? Y retournez-vous souvent? A-t-il changé?

Sujet de composition

Indiquez quels aspects de la longue marche vous semblent particulièrement français. Et, par contre, quels sont les aspects universels de ce phénomène?

26

Antoine de Saint-Exupéry

Pour mieux lire: This article provides a brief portrait of the aristocratic Frenchman, Antoine de Saint-Exupéry, whose life seemed to exemplify his own advice: **«Avant d'écrire, il faut vivre».** As you read, try to sort out the various facets of his adventurous life, as well as of his highly developed literary sensibility. Then see how you would choose to describe briefly, in your own words, this complex individual, taking into account his experience both as a man of action and as a writer. What appears to be the linkage between the two?

«Avant d'écrire, il faut vivre. Ecrire est une conséquence» disait Antoine de Saint-Exupery. À la fois pilote et écrivain, mais surtout homme d'action, Saint-Exupéry est mort en 1944. C'était la guerre; il était officier dans les forces aériennes, et un jour son avion n'est pas revenu d'un vol.°

voyage en avion

Saint-Exupéry (ses camarades aviateurs l'appelaient Saint-Ex) avait la passion de l'aventure, du combat entre l'homme seul et la nature : le soleil, le ciel, la pluie, le désert. Et l'aviation, qui était encore très peu développée, lui donnait l'occasion rêvée de combattre. Saint-Ex était pilote dans la Compagnie Aéropostale, qui a commencé un service de courrier° par avion entre l'Europe, l'Afrique et l'Amérique du Sud. On peut comparer le courage de ces premiers pilotes transatlantiques au courage des premiers cosmonautes. Saint-Ex s'est trouvé plusieurs fois perdu seul, dans le désert ou en haute montagne quand des difficultés techniques l'ont forcé à abandonner son avion.

de... postal

Albert Einstein a dit une fois à Consuelo, la femme de Saint-Ex : «Saint-Exupéry est l'homme qui peut sauver le monde. Parce qu'il est jeune et qu'il est complet. Il est mathématicien. Il est poète. Il a commandé des hommes... Il peut adapter l'homme à son invention : la machine. Et il sait écrire.»

Beaucoup de livres de Saint-Exupéry sont la conséquence de ses expériences dans l'aviation. L'action de ses histoires se passe dans le désert *(Terre des hommes)* ou dans le ciel *(Vol de nuit)* : des endroits où l'homme se trouve seul et en danger. Un de ses camarades a dit de *Vol de nuit* : «C'est un hymne à l'homme, aux possibilités de l'homme. Quand j'ai un moment de dépression ou de découragement, je lis encore *Vol de nuit.*»

Homme d'action, Saint-Ex avait aussi une compréhension profonde de l'importance des relations humaines. Son livre le plus connu, *Le Petit Prince,* montre admirablement la beauté et la poésie du monde magique de l'enfance que l'on n'oublie jamais complètement. Nous le lisons tous avec plaisir, car nous gardons tous en nous un petit prince endormi.

Adaptation d'un article de *Marie-France*

Ah! petit prince, j'ai compris, peu à peu, ainsi, ta petite vie mélancolique. Tu n'avais eu longtemps pour distraction que la douceur des couchers de soleil. J'ai appris ce détail nouveau, le quatrième jour au matin, quand tu m'as dit:

—J'aime bien les couchers de soleil. Allons voir un coucher de soleil . . .

—Mais il faut attendre . . .

—Attendre quoi?

—Attendre que le soleil se couche.

Tu as eu l'air très surpris d'abord, et puis tu   **as**... semblé
as ri de toi-même. Et tu m'as dit:

—Je me crois toujours chez moi!

En effet. Quand il est midi aux Etats-Unis, le soleil, tout le monde le sait, se couche sur la France. Il suffirait de pouvoir aller en France en une minute pour assister au coucher du soleil. Malheureusement la France est bien trop éloi-   loin
gnée. Mais, sur ta si petite planète, il te suffisait   bouger
de tirer ta chaise de quelques pas. Et tu regardais   lumière qui
le crépuscule chaque fois que tu le désirais . . .   precède le soleil
       couchant

—Un jour, j'ai vu le soleil se coucher quarante-quatre fois!

Et un peu plus tard tu ajoutais:

—Tu sais . . . quand on est tellement triste on aime les couchers de soleil . . .

—Le jour des quarante-quatre fois tu étais donc tellement triste?

Mais le petit prince ne répondit pas.

Avez-vous bien lu?

Faites vous-même le portrait de Saint-Exupéry :

1. Pour commencer, décrivez brièvement Saint-Exupéry, homme d'action, en parlant de ses expériences dans l'aviation.
2. Ensuite, parlez un peu de sa vie littéraire.
3. Pour conclure, essayez d'expliquer pourquoi cet homme d'action a pu évoquer de façon si émouvante dans ses œuvres l'homme et les possibilités de l'homme.

Exercices

Synonymes

> **Son avion n'est pas *rentré*. → Son avion n'est pas *revenu*.**

1. Il est pilote et ingénieur *en même temps*.
2. Je n'ai pas reçu beaucoup de *lettres* aujourd'hui.
3. L'aviation lui donnait souvent *la possibilité* de combattre.
4. Tu ne m'as pas dit ce qui *s'est passé*.
5. Nous *sommes* seuls et en danger.

Questions

1. Comment les camarades de Saint-Exupéry l'appelaient-ils?
2. Quelles étaient ses passions?
3. Dans quels endroits est-ce qu'il s'est trouvé en danger?
4. En quoi les livres de Saint-Ex sont-ils la conséquence de ses expériences?
5. Qu'est-ce que son livre *Le Petit Prince* nous montre?
6. Comment Saint-Exupéry est-il mort?

Scènes à jouer

1. Le Petit Prince et l'adulte avec qui il parle continuent leur conversation. On parle de la «petite vie mélancolique» du Prince sur sa «si petite planète». On peut considérer sa solitude et ses distractions, sa «tristesse» et d'autres sujets qui semblent importants.

2. Un(e) adulte, joué(e) par un(e) étudiant(e), pose des questions à un(e) autre étudiant(e) qui joue le rôle d'un enfant doué d'une sensibilité exquise. L'adulte s'intéresse aux activités et aux idées de l'enfant; l'enfant pour sa part évoque le monde magique de l'enfance dans ses réponses.

Points de vue

1. Expliquez l'opinion d'Einstein selon laquelle Saint-Exupéry était un homme qui pouvait «sauver le monde».
2. À votre avis, quelle sorte de personne est l'adulte qui parle avec le Petit Prince dans l'extrait du livre? Et quelle semble être la nature de ses rapports avec le Petit Prince? Expliquez votre réponse.

Discutons

1. Avez-vous lu un des livres de Saint-Exupéry? Lequel? Qu'en pensez-vous?
2. Quelles qualités admirez-vous dans la vie et dans les livres de Saint-Ex?
3. Expliquez : «Avant d'écrire, il faut vivre. Écrire est une conséquence». Est-ce vrai à votre avis? Est-ce que «vivre» veut dire connaître des aventures comme Saint-Exupéry?
4. On parle de «la beauté et la poésie du monde magique de l'enfance que l'on n'oublie jamais». Gardez-vous toujours des souvenirs de ce monde magique? Pouvez-vous en raconter un devant la classe?

Sujet de composition

Faites le portrait de quelqu'un de votre connaissance qui est un homme ou une femme d'action et qui a aussi une compréhension profonde de l'importance des relations humaines.

27

Beaubourg : une machine culturelle

Pour mieux lire: This reading opens with a quote from **Georges Pompidou,** former **Président de la République,** in which he lays out his vision of the **Centre Beaubourg** (now generally known as the **Centre Georges Pompidou**). The ensuing text, on the other hand, begins by presenting the actual history and realities of the Centre Pompidou as a **machine culturelle.** The concluding paragraphs bring together both perspectives, pointing out how the original vision has been fulfilled and how its realization has fallen short. The article thus embodies a definite progression of ideas, which, if grasped, can help you to appreciate Beaubourg more fully in both its conceptual and practical significance. See if you can summarize at each stage the main ideas that have emerged; try to define by the end of the article why: **«pour le meilleur comme pour le pire, c'est un grand pas vers l'avenir».**

Je voudrais passionnément que Paris possède un centre culturel qui soit à
la fois un musée et un centre de création... Le centre devra comprendre
non seulement un vaste musée de peinture et de sculpture, mais des
installations spéciales pour la musique, le disque et éventuellement le
cinéma et la recherche théâtrale.

Georges Pompidou

Ainsi le Centre Beaubourg est né de la volonté° très person-   désir
nelle de l'ancien chef d'État, Georges Pompidou. Inauguré
en 1977, trois ans après sa mort, le Centre a provoqué un
grand débat sur l'architecture moderne de Paris. Qu'est-ce que
c'est, ce monstre peint en rouge, bleu et jaune? Les habitants du
Marais, le plus vieux quartier de Paris, ne sont jamais restés
indifférents. Ce cœur de fer, situé en face de ce qui était autrefois
les Halles,° prenait un aspect agressif à côté des vieilles maisons   l'ancien marché de Paris
en pierre.

Beaubourg, connu sous le nom de Centre Georges Pompidou, est l'œuvre de deux architectes italiens, Piano et Rogers,
sélectionnés parmi huit cent cinquante participants à un
concours° international. Ils ont été choisis, entre autres raisons,   compétition
parce que leur projet offrait la meilleure solution pour l'utilisation fonctionnelle de la surface construite. En laissant visibles les
installations techniques de l'édifice : escaliers, tuyaux° de plom-   tube circulaire
berie, etc... on a fait de son architecture un spectacle permanent.

Les deux architectes ont inventé la «machine culturelle»
destinée à un public ouvert, disponible.° Le débat sur l'esthétique   qui a le temps
du Centre est dépassé° : aujourd'hui on ne l'imaginerait pas   **le débat...** on n'en parle
autrement.   plus

Jour après jour, Beaubourg accueille une moyenne de vingt
mille visiteurs. Environ la moitié vient consulter la bibliothèque,
et l'autre visiter le musée, les expositions et le bâtiment° lui-   construction, immeuble
même. Dès que l'on met le pied sur l'escalier mécanique, tout
Paris est devant soi. La vue magnifique est rendue possible par la
façade unique, transparente.

Dans l'esprit de ceux qui l'ont conçu,° Beaubourg est un   (du verbe **concevoir**) se
musée pour tous. Contrairement à d'autres musées qui ferment à   faire une idée de quelque
cinq heures, précisément au moment où tout le monde sort du   chose
travail, Beaubourg reste ouvert jusqu'à dix heures du soir. En
plus, il y a souvent une atmosphère de fête populaire. Quand il

fait beau, des musiciens, des mimes, des cracheurs de feu° se donnent en spectacle sur la grande place, devant les portes du Centre.

cracheurs de feu

D'autres raisons, comme la diversité des activités réunies dans le même édifice, expliquent le succès de Beaubourg. Donc, les ambitions du Centre sont grandes, puisqu'il doit être à la fois un lieu de réflexion, d'information et d'activité culturelle. Mais les critiques de Beaubourg—et ils sont nombreux—disent que le Centre tend à être une machine à *montrer* des choses culturelles, plus qu'un instrument de création. Ils soulignent° que les foules de visiteurs, surtout au musée, posent quelques problèmes. On est tenté de marcher, de regarder des images en passant comme on ferait du lèche-vitrine,° plutôt que de pénétrer la peinture. Parfois, on ne peut pas faire autrement, poussé en avant par le mouvement de la foule. Après tout, pour que les œuvres d'art puissent être vraiment «vues», ne demandent-elles pas un climat de calme et de silence?

attirent l'attention sur quelque chose

regarder la marchandise sans avoir l'intention d'acheter

Malgré les problèmes posés par un tel projet, le Centre Georges Pompidou correspond à un besoin actuel : faire sortir la culture des structures dans lesquelles le XIXᵉ siècle l'avait enfermée et la rendre accessible à tout le monde.

Pour le meilleur comme pour le pire,° c'est un grand pas vers l'avenir.

plus mauvais

D'après un article du *Monde*

Avez-vous bien lu?

Résumez la progression des idées dans cet article en complétant les phrases suivantes :

1. D'un côté, il y a la vision de Georges Pompidou, qui envisageait un centre culturel qui serait à la fois _____.
2. En réalité, le Centre a eu un grand succès; jour après jour il accueille une moyenne de vingt mille visiteurs. Environ la moitié des visiteurs vient _____ et l'autre _____.
   Mais les critiques disent que le Centre _____ _____.

3. Il y a des problèmes, mais le Centre correspond à un besoin actuel : _____ _____. C'est ainsi un grand pas vers l'avenir.

Excroioos

Vocabulaire

A   *Donnez la forme féminine des adjectifs.*

agressif   agressive   intéressants → intéressantes

ancien	indifférent	vieux	internationaux
visible	culturel	ouverts	blancs
nombreux	meilleur	divers	

B   *Donnez l'adverbe qui correspond à chaque adjectif. (Ils sont tous du même type.)*

ardent → ardemment   constant → constamment

courant	conscient	suffisant
indifférent	prudent	élégant

Questions

1. Pourquoi appelle-t-on Beaubourg un «monstre»?
2. Pour quelles raisons les architectes Piano et Rogers ont-ils été choisis?
3. Décrivez l'extérieur de Beaubourg.
4. Qu'y a-t-il à visiter dans le Centre Pompidou?
5. Décrivez l'ambiance sur la place, devant les portes.

Scènes à jouer

1. Imaginez une discussion entre une personne âgée vivant depuis longtemps dans le Marais et un(e) étudiant(e). Présentez les arguments pour et contre Beaubourg.
2. Un jeune homme ou une jeune fille essaie de convaincre un(e) ami(e) de l'accompagner à une exposition à Beaubourg, mais ce dernier/cette dernière ne veut pas y aller parce que…

Points de vue

1. Est-ce que les grandes ambitions du Centre Pompidou vous semblent contradictoires? Est-ce qu'un seul musée peut être à la fois un lieu de réflexion, d'information et d'activité culturelle?
2. Que pensez-vous des observations critiques faites à propos du Centre?
3. Quels aspects de Beaubourg vous intéressent le plus? Quels aspects vous intéressent le moins? Pourquoi?

Discutons

1. Que pensez-vous d'un projet tel que Beaubourg?
2. Quels sont les lieux culturels dans votre ville? Sont-ils populaires? Quels changements pourrait-on y apporter?
3. À votre avis, quelles sont les conditions nécessaires pour avoir un musée idéal?
4. Pourquoi visitez-vous un musée? Pour voir les expositions? Pour consulter la bibliothèque? Pour jouir de l'ambiance?
5. Dans un musée, préférez-vous regarder des images en passant ou pénétrer la peinture?
6. Un musée doit-il avoir un climat de calme et de silence? Ou est-ce qu'un musée doit être un lieu d'activité culturelle? Expliquez votre réponse.
7. Connaissez-vous un musée qui rend la culture accessible à tout le monde? Si oui, décrivez-le.

Sujet de composition

Pourquoi dit-on, en parlant de Beaubourg, que «pour le meilleur comme pour le pire, c'est un grand pas vers l'avenir»?

La Pyramide de la lumière

Pour mieux lire: This article presents an overview of **la Pyramide** at the Louvre, a highly visible and highly controversial facet of the overall restructuring of the museum that has been going on for a number of years. You will note that each paragraph presents a different aspect of the subject; therefore, by the time you have finished reading, you will have accumulated quite varied information. As a first step toward organizing and assessing this information, try to summarize in a sentence or two the main idea of each paragraph as you read. Be aware that the task of synthesizing the information presented will often fall to you, because these paragraphs do not always have an obvious lead or summarizing sentence.

Quand on parle de pyramides, on pense à l'Egypte, à ses
monuments funéraires° dans lesquels certains explorateurs se   pour les morts
sont égarés°, parmi les labyrinthes. Rester sur cette idée serait   perdus
mal connaître l'histoire contemporaine. Paris a maintenant sa
propre pyramide de lumière, convergence entre le passé et le
futur. Le public, en la découvrant, ne voit que la partie visible
de l'iceberg. Elle n'est en effet qu'une partie des immenses
travaux de restructuration du Palais du Louvre qui ne seront
totalement achevés qu'en 1996.

À l'origine, le Louvre était la résidence des rois de France.
Depuis le XIIᵉ siècle, le bâtiment a été sans cesse complété et
transformé par les différents souverains°. Les travaux qui se sont   rois
achevés récemment ne sont que la longue continuation de cette
tradition historique. Au centre de la Cour Napoléon, la Pyra-
mide domine l'espace d'accueil° et marque l'entrée principale du   endroit où on entre
musée.

L'architecte responsable de cette œuvre, I.M. Pei, dirige la
plus grande agence d'architecture de New York. Surnommé
«l'architecte de la lumière», il se réfère à deux thèmes : la
tradition et la modernité. La pyramide a déclenché° une multi-   commencé
tude de controverses, comme toute réalisation nouvelle dans un
site traditionnel. Elle a ses admirateurs, et ses détracteurs qui
estiment° qu'elle défigure la Cour Napoléon.   pensent

Pourtant le public est attiré par millions chaque année par les grandes fontaines qui peuvent monter jusqu'à 10 mètres et par les milliers de carreaux de verre qui reflètent le soleil. Mais les carreaux reflètent également autre chose : la saleté parisienne. Le nettoyage des vitres qui composent la Pyramide présente un problème unique, car la construction est inaccessible par les échafaudages° traditionnels. Le nettoyage extérieur est assuré actuellement, une fois par mois, par une équipe d'alpinistes.

construction à l'extérieur des immeubles qui facilitent les travaux

Pour l'intérieur, un robot est en cours d'expérimentation, avec un bras articulé°. La propreté est aujourd'hui l'une des caractéristiques du Musée du Louvre. Dix pour cent de son budget de fonctionnement sont consacrés au nettoyage, soit° 15 millions de francs par an.

mobile

c'est-à-dire

La Pyramide est l'une des surprises architecturales du nouveau Paris. Parmi les autres projets récents : le Musée d'Orsay, construit dans l'ancienne Gare d'Orsay, le Musée Picasso dans l'ancien Hotel Salé, l'Arche de la Défense, l'Institut du Monde Arabe, et l'Opéra Bastille. Le renouvellement des monuments de la capitale sera certainement l'un des héritages du Président Mitterrand. Ces dépenses très importantes ont-elles été justifiées par la célébration du Bi-centenaire de la Révolution française en 1989, ou sont-elles le fruit de la vanité présidentielle?

Un journaliste a écrit : «De tous les présidents de la Cinquième République, celui qui a montré la plus grande passion pour la construction ou la reconstruction, celui dont les vues architecturales évoquent le plus une tentation de l'absolutisme Louis Quatorzième, se révèle être un socialiste : François Mitterrand».

Adaptation d'un article de l'*Impact Médecin*.

Avez vous bien lu?

Résumez l'idée centrale de chaque paragraphe de cet article. Vous pouvez travailler avec un(e) autre étudiant(e), et vous pouvez comparer vos idées avec celles des autres membres de la classe.

1er paragraphe: *Paris a maintenant sa propre pyramide qui est une convergence entre le passé et le futur.*

2ème paragraphe: _____

_____

3ème paragraphe: _____

4ème paragraphe: _____

_____

5ème paragraphe: _____

_____

6ème paragraphe: _____

_____

Exercices

Synonymes

1. *Originellement* le Louvre a été la résidence des rois de France.
2. Le Louvre a été sans cesse complété et transformé par les différents *rois*.
3. Les travaux *se sont terminés* récemment.
4. La Pyramide a déclenché *un grand nombre de* controverses.
5. Elle a ses admirateurs et ses *critiques.*
6. *La rénovation* des monuments de la capitale sera l'un des héritages du président Mitterrand.

Questions

1. Quand on parle de pyramides, à quoi pense-t-on d'ordinaire?
2. Comment peut-on décrire la Pyramide de la lumière à Paris?
3. Qui est I.M. Pei?
4. Qu'est-ce qui attire le public à la Pyramide?
5. Quel problème occasionnent les milliers de carreaux de verre? Quelles solutions a-t-on trouvées?
6. Quelles autres surprises architecturales y a-t-il dans le nouveau Paris?
7. Quelle question peut-on poser à propos des dépenses occasionnées par le renouvellement des monuments de la capitale?

Scènes à jouer

1. Un journaliste demande à des passants—tous joués par des étudiant(e)s—ce qu'ils (elles) pensent de la Pyramide.
2. Vous parlez avec un(e) Parisien(ne) du renouvellement du Louvre et vous lui posez des questions à propos de la Pyramide. Par exemple, l'a-t-il (elle) vue? Qu'est-ce qui l'a le plus frappé(e)? Est-ce qu'il (elle) admire cette réalisation nouvelle, ou est-il (elle) critique? Est-ce que les dépenses sont justifiées?

Points de vue

1. Critiquez la Pyramide : parlez de ses aspects admirables et des problèmes.
2. À votre avis, les dépenses importantes occasionnées par le renouvellement des monuments de Paris ont-elles été justifiées par la célébration du Bi-centenaire de la Révolution française en 1989, ou sont-elles le fruit de la vanité présidentielle?
3. Qu'est-ce qu'on veut dire vers la fin de cet article quand on affirme que les vues architecturales de François Mitterrand évoquent une tentation de l'absolutisme Louis Quatorzième?

Discutons

1. Est-ce que vous admirez la Pyramide? Ou vous semble-t-il qu'elle défigure la Cour Napoléon du Musée du Louvre? Expliquez votre réponse.

2. Le nettoyage de la Pyramide présente un problème unique. Croyez-vous que l'architecte l'a prévu? Quelle est votre réaction devant ce problème?

3. Faites des recherches sur une des autres surprises architecturales du nouveau Paris : le Musée d'Orsay, le Musée Picasso, l'Arche de la Défense, l'Institut du Monde Arabe ou l'Opéra Bastille. Présentez vos recherches à la classe et montrez des photos si c'est possible.

4. Connaissez-vous d'autres réalisations nouvelles dans des sites traditionnels qui ont déclenché beaucoup de controverses?

5. Y a-t-il des surprises architecturales dans votre ville? Si oui, décrivez-les.

Sujet de composition

Renseignez-vous sur l'histoire du Louvre et résumez les résultats de vos recherches. Indiquez brièvement comment les rois de France l'ont sans cesse transformé. Pour conclure, expliquez comment la pyramide constitue en réalité la continuation d'une tradition historique.

29

Le Père-Lachaise

Pour mieux lire: This reading about **le Père-Lachaise** has a distinctive introductory paragraph that is meant to pique the reader's interest. We approach the article expecting to read about a cemetery in Paris and, instead, are presented with a description of the most varied activities that might more typically go on in a park. Only as we continue reading do we make the direct connection with le Père-Lachaise. As you think about the reading, you may want to consider why the writer has presented the subject in this way. Our interest is aroused by the approach and choice of details, but does the initial paragraph have yet another function within this short reading introducing a cemetery totally **différent des autres?**

Quand il fait beau, les femmes s'y promènent avec leurs enfants. Après la pluie, les gens viennent y ramasser des escargots° (soit pour les manger eux-mêmes, soit pour les vendre aux restaurants). Des jeunes couples qui n'ont pas d'autres lieux pour se donner rendez-vous s'y retrouvent sous les arbres magnifiques. Un parc public? Non, c'est un cimetière différent des autres et peut-être l'un des plus intéressants du monde.

escargots

Le Père-Lachaise se trouve dans la partie est de Paris. Il est célèbre pour ses monuments magnifiques qui rendent hommage à des personnages célèbres, français ou étrangers de tous pays. Parmi tant d'autres, on peut y voir les tombes de Frédéric Chopin, Gertrude Stein, Eugène Delacroix, Sarah Bernhardt et Honoré de Balzac. Toute l'année de fidèles admirateurs viennent y déposer des fleurs.

Vers la fin du XVIIIᵉ siècle, les grands cimetières de Paris n'avaient plus de place. Alors, Nicolas Frochet s'est chargé de trouver rapidement un nouveau site. Il a choisi d'immenses jardins, ancienne propriété des Jésuites,° où le Père de La Chaise, confesseur de Louis XIV, avait fait de fréquents séjours. Pour convaincre° les gens riches d'acheter un coin de terre dans le nouveau cimetière, Frochet a obtenu° les restes de certains morts

ordre religieux

persuader

a réussi à avoir

célèbres. Parmi eux, il y avait Molière (mais était-ce bien lui?) et Héloïse et Abélard—les deux amants célèbres du XIIᵉ siècle, six fois séparés et six fois réunis! Petit à petit, le Père-Lachaise est devenu à la mode. Les riches et les personnes illustres souhaitaient y reposer pour l'éternité.

Aujourd'hui, il y a près de cinquante mille tombes et plus de quinze kilomètres d'allées. Parce qu'il est facile de s'y perdre, on distribue à l'entrée un plan où sont indiquées les tombes célèbres. Une des plus visitées est celle d'Edith Piaf, chanteuse° populaire très aimée des Français. L'écrivain anglais Oscar Wilde y a également son tombeau, très fréquenté lui aussi, et sur lequel se dresse une impressionnante sculpture de Jacob Epstein. Mais on ne peut pas mesurer le talent d'un artiste à la splendeur de son tombeau. Celui de Marcel Proust, par exemple, est très simple.

Bien sûr, il y a des gens moins connus enterrés au Père-Lachaise. Mais si vous désirez vous trouver parmi eux, hélas, c'est presque impossible à cause du manque de place; il faut être, non seulement citoyen français, mais aussi résident de Paris!

femme qui chante

D'après des renseignements des services culturels français

Avez-vous bien lu?

Cet article souligne en particulier que le Père-Lachaise est un cimetière «différent des autres et peut-être l'un des plus intéressants du monde». Considérez comment le premier paragraphe contribue à accentuer cette idée. En répondant, parlez du choix d'exemples, de la manière d'aborder le sujet, de l'effet sur le lecteur, etc.

Exercices

Définitions

Donnez le mot qui convient.

Celui qui travaille est un *travailleur*.

1. Celui qui visite est un _____.
2. Celui qui conspire est un _____.
3. Celui qui admire est un _____.
4. Celui qui se promène est un _____.
5. Celui qui entend des confessions est un _____.
6. Celui qui achète est un _____.
7. Celui qui chante est un _____.

Questions

1. Pourquoi Nicolas Frochet voulait-il obtenir les restes de certains morts célèbres?
2. Pourquoi est-ce que les gens vont au Père-Lachaise?
3. Un homme du nom de Père de La Chaise a-t-il existé? Qui était-il?
4. Où se trouve le Père-Lachaise?
5. Comment le cimetière a-t-il reçu son nom?
6. Pourquoi distribue-t-on à l'entrée un plan où sont indiquées les tombes célèbres?
7. Selon l'article, il faut être citoyen français pour être enterré au Père-Lachaise. Y a-t-il d'autres conditions à remplir?

Scène à jouer

Vous allez au Père-Lachaise comme touriste et vous parlez à des gens qui s'y promènent : une femme avec des enfants, un(e) autre touriste, un(e) étudiant(e), un jeune couple, des vieux (des vieilles). Vous vous étonnez d'y voir tant de monde, et vous demandez à chacun(e) pourquoi il (elle) est là. On vous donne des réponses variées.

Discutons

1. Pourquoi, même s'ils ne les connaissent pas personnellement, les gens aiment-ils s'arrêter devant les tombes de personnages célèbres et y déposer des fleurs?
2. Connaissez-vous un cimetière semblable au Père-Lachaise aux États-Unis? Si oui, décrivez-le.
3. Les cimetières devraient-ils se trouver dans les villes, à la campagne ou ne pas exister du tout? Expliquez votre réponse.
4. Est-ce que l'endroit où vous serez enterré est important pour vous?

Sujet de composition

Si vous avez l'occasion de visiter le Père-Lachaise un jour, qu'est-ce que vous allez y faire ou voir?

30

La Mère Veil

Pour mieux lire: This article, taken from the newsweekly ***L'Express,*** is written in classic journalistic format. In other words, the basic factual information is supplied at the very beginning; this, in turn, is developed—here, substantially—throughout the ensuing paragraphs. Given this approach, try to supply short answers to the standard journalistic questions (who, what, when, where, why, and how?) after reading the opening paragraph. This information will give you an immediate basis from which to grasp the rest of the article and ultimately to formulate your own opinion regarding the remarkable woman, **Simone Veil.**

«La profession d'avocat que j'avais choisie venait du goût de défendre des idées que je pensais justes et dont je trouvais qu'elles n'étaient pas suffisamment entendues. Au fond, je crois que toute ma vie, je pars en guerre...». Simone Veil

Simone Veil, magistrat, née en 1927. Après des études de droit elle devient magistrat et atteint dans ce domaine les plus hauts postes. Trois fois élue député du Parti Libéral, elle est entre 1974 et 1977 ministre de la Santé du Président Giscard d'Estaing. Elle est chargée de défendre devant le Parlement le projet de loi sur l'interruption volontaire de grossesse°, ce qui lui attire l'animosité d'une grande partie des Français violemment opposés à cette loi.

l'interruption... avortement

Les Français auront découvert Simone Veil le 26 novembre 1974. Ce jour-là, la télévision transmet en direct la bataille parlementaire autour de l'avortement légal. Une femme seule, pâle et grave défend la réforme la plus osée° du septennat giscardien°. Un député clame : «Je ne vois pas de différence de nature entre les actes d'un médecin nazi et ce qui sera officiellement pratiqué dans les hôpitaux». Abandonnée par la moitié de la majorité, outragée au nom de la morale, Simone Veil reste pourtant stoïque. Et gagne. La loi sur l'Interruption volontaire de grossesse (l'I.V.G.) passe, et pour l'opinion, ce sera la loi Veil.

risquée

sept ans de présidence de Giscard d'Estaing

Simone Veil savait qu'elle s'exposait aux graffitis insultants, aux lettres anonymes, aux menaces. Elle savait aussi qu'elle ne convaincrait pas en un jour tous les Français. Mais elle a fait mieux, elle les a émus° par son évidente sincérité. Cette première rencontre avec la France a été décisive. Simone Veil est entrée dans le cœur de millions de ses compatriotes en se montrant plus humaine que ses éloquents collègues. Sans recourir° aux professionnels de la publicité et du «marketing» politique. Elle s'est imposée° en restant telle qu'elle est, avec son tailleur Chanel° et son chignon° sage, sa gaucherie° qui disparaît quand elle s'enflamme. Elle y gagne son surnom, mi-ironique mi-amical de «la Mère Veil» (la merveille).

a fait sentir des émotions

utiliser

a réussi
manque de naturel

tailleur Chanel

Contre son gré°, son passé, lui aussi, va entrer dans le monde public. Lors de la projection d'«Holocauste», film qui a

sa volonté

chignon

pour sujet les camps de concentration, Simone Veil parle de la
déportation et l'on apprend alors qu'à 17 ans elle partait pour
Auschwitz. Le matricule 78 651 est encore tatoué sur son bras.
Elle serre le cœur° sans chercher à émouvoir. «J'ai gardé jusqu'à   **serre...** fait de la peine
aujourd'hui le souvenir des odeurs... il fallait se battre pour tout,
je me suis défendue. Ma mère était un être trop doux, elle est
morte». De cette épreuve est sortie une femme différente. Dure?
Endurcie. Pour avoir affronté le pire, elle sait ce qu'il exige de
force. D'en être revenue lui permet d'opposer son optimisme
têtu à tous ceux qui voient la vie en noir. Sous une enveloppe
de dame comme il faut°, elle dissimule° le seul défaut qu'elle   bien élevée/cache
reconnaît, son agressivité, et sa vertu maîtresse, la ténacité.

Depuis l'adoption de la loi qui porte son nom, Simone Veil
n'a pas cessé de se battre. Elle a pris une position très ferme
contre l'extrême droite en France, ce que n'ont pas toujours fait
certains membres de son groupe parlementaire. Actuellement elle
est député du Parlement européen et préside le comité pour
l'Année européenne de l'Environnement, qui rédige un rapport
sur l'environnement avec l'Organisation mondiale de la Santé.

Adaptation d'un article de *l'Express*

Avez-vous bien lu?

Résumez les faits qu'on vous donne dans le premier paragraphe de cet article, en répondant aux questions suivantes :

1. De *qui* s'agit-il?
2. *Qu'est-ce qui* se passe?
3. *Quand* Simone Veil a-t-elle été ministre de la Santé?
4. *Où* doit-elle défendre le projet de loi sur l'interruption volontaire de grossesse?
5. *Pourquoi* est-elle chargée de défendre ce projet de loi?
6. *Comment* est-ce qu'elle attire l'animosité d'un grand nombre de Français?

Exercices

Synonymes

1. Simone Veil s'est attirée *la haine* d'un grand nombre de Français.
2. Elle oppose son optimisme *obstiné* à tous ceux qui voient la vie en noir.
3. Pour avoir *bravé* le pire, elle sait ce qu'il exige de force.
4. Sous une enveloppe de dame comme il faut, elle *cache* le seul défaut qu'elle reconnaît.
5. *À présent* elle est député du Parlement européen.

Questions

1. Comment est-ce que les Français ont découvert Simone Veil?
2. À quoi Simone Veil s'exposait-elle pendant la bataille parlementaire autour de l'avortement légal?
3. Comment a-t-elle réussi à entrer dans le cœur de millions de ses compatriotes?
4. Qu'est-ce qui lui est arrivé à l'âge de 17 ans?
5. Quelle a été la différence entre Simone Veil et sa mère dans le camp de concentration?
6. Comment est-ce que Simone Veil est sortie de son épreuve dans le camp de concentration?
7. Quel est le seul défaut qu'elle reconnaît?
8. Pourquoi dit-on que Simone Veil n'a pas cessé de se battre depuis l'adoption de la loi qui porte son nom?

Scène à jouer

Vous avez un(e) ami(e) français(e) qui a été convaincu(e) par Simone Veil pendant la bataille parlementaire autour de l'avortement légal. Vous lui posez des questions et il (elle) vous explique pourquoi Simone Veil s'est imposée et pourquoi elle est entrée dans le cœur de millions de ses compatriotes.

Points de vue

1. Simone Veil dit, dans la citation du début : «Au fond, je crois que toute ma vie, je pars en guerre». Comment est-ce que l'article illumine cet aspect fondamental de son caractère?
2. Décrivez l'enveloppe de «dame comme il faut» de Simone Veil. Est-elle tout à fait une dame comme il faut?
3. Pourquoi dit-on que c'est mi-ironique, mi-amical quand on appelle Simone Veil «la Mère Veil»?

Discutons

1. Si vous aviez l'occasion de lui parler, quelles questions voudriez-vous poser à Simone Veil?
2. Pouvez-vous citer des femmes qui ont eu une influence similaire aux États-Unis ou ailleurs?
3. Y a-t-il aux États-Unis des personnages publics qui ont ému leurs compatriotes par leur évidente sincérité?
4. À votre avis, est-il préférable d'émouvoir par son évidente sincérité ou de persuader par des arguments convaincants?

Sujet de composition

Décrivez dans un style journalistique un personnage célèbre et un événement particulier qui a illuminé son caractère. Utilisez les premiers paragraphes de «la Mère Veil» comme modèle.

31

Trois semaines à Prisunic

Pour mieux lire: A reporter for *L'Express,* Élisabeth Schemla, worked as an employee at **Prisunic** in order to write an article about the experience. Prisunic is a sizeable chain of stores well known to French shoppers, many of whom would be curious to know what Prisunic is like from an employee's—rather than a customer's—perspective. Schemla presents her experience by alternating between two types of writing: dialog and narration. As you read, try to be aware of the effect of this distinctive approach. How do the dialog and narrative passages work together? On the other hand, what specific role does each have? What is your reaction to this less-conventional type of presentation?

Prisunic. Tous les Français sont, ont été, ou seront clients à Prisunic, la plus grande chaîne de supermarchés de France. Comment est-ce du côté des employés? Élisabeth Schemla en a fait l'expérience pour la décrire aux lecteurs de l'Express.

«Allô? Prisunic? Je voudrais savoir si vous avez besoin de vendeuses en ce moment?

—Vous êtes française?

—Oui.

—Mariée?

—Non.

—Vous avez déjà travaillé?

—Oui, mais jamais comme vendeuse.

—Ça n'a pas d'importance. Ne quittez pas.»

Elle met sa main sur le micro du téléphone, mais j'entends quand même : «Monsieur le Directeur, est-ce qu'on a besoin de vendeuses en ce moment?

—Non. Elle est française?

—Oui.

—Alcrs, dites-lui de passer.

—Allô? Passez à notre magasin.

—Mais, est-ce que vous recherchez des vendeuses? Parce que j'habite à l'autre bout de Paris. Je ne voudrais pas venir jusque chez vous pour rien.

—Mademoiselle, si vous avez tant besoin de travailler, vous n'avez qu'à passer.» Déclic.

Prisunic Vaugirard 340, rue de Vaugirard, Paris XV. Ouvert du lundi au samedi, de neuf heures à douze heures trente et de quatorze heures trente à dix-neuf heures. Le vendredi jusqu'à vingt-deux heures.

Je pousse la porte vitrée° et pénètre dans le magasin ultra-moderne. Musique douce. Escalier roulant. «Ça serait pas mal de travailler ici. Pas désagréable du tout. J'espère que ça va marcher.»

Je m'approche d'une vendeuse. Elle me sourit. «Le service du personnel, s'il vous plaît.» Eh non! Je ne suis pas une cliente : le sourire disparaît. «Au fond du magasin, tout droit.» Je sens qu'elle me regarde partir.

Le test. 327 594 + 22 913. Facile. 75 371 − 8 684. Facile aussi. Ah, mais : 4 275 × 1 002. «Ecrivez juste le résultat, m'a

en verre

dit l'employée du service du personnel. Vous devez calculer de tête.»

Je me demande en quoi peut bien consister le travail d'une vendeuse pour qu'on l'oblige à passer un pareil test de calcul mental. J'aurais pensé qu'on observerait plutôt sa présentation, son comportement,° sa façon de parler. Mais non... on vous demande... pas possible, j'ai dû mal lire. Non, c'est bien ça : 112 486 × 8 540! Moi, j'abandonne.

sa façon de se conduire

L'employée me demande de téléphoner dans l'après-midi pour avoir une réponse. Après quinze heures trente.

À quinze heures trente-et-une je téléphone.

«Oui, vous êtes engagée, Mademoiselle. Pouvez-vous commencer demain? Bien. Alors, venez à neuf heures moins le quart.

—Neuf heures moins le quart pour commencer à neuf heures? Mais je n'ai jamais vendu. Il faudrait peut-être que j'apprenne.

—Ce n'est pas nécessaire. Venez à neuf heures moins le quart.»

À Prisunic, on reçoit une formation professionnelle en trois minutes.

Une semaine déjà que je travaille ici. Et pas comme vendeuse, comme caissière.° J'ai dû bien faire dans le test de calcul mental.

personne qui prend l'argent du client et lui rend la monnaie

J'ai l'habitude maintenant. Chaque matin, on consulte la liste pour savoir à quelle caisse on va travailler. Ensuite, il faut descendre au vestiaire° : un étage plus bas. Une fois en blouse,° on remonte deux étages pour aller chercher sa caisse. Puis on redescend à la section «Alimentation». Cette petite gymnastique, quatre fois par jour, les jeunes la supportent facilement. Pas les autres. Je vois souvent des employées qui se sont arrêtées pour respirer, le visage rouge, la main sur le cœur.

endroit où on laisse ses vêtements/vêtement de travail

Toutes les caissières aiment les cinq minutes qui précèdent l'ouverture du magasin. Le silence, les allées désertes ont un charme certain.

On discute avec la voisine.

«Salut, bien dormi?

—Comme une masse.° Je suis «tombée» à neuf heures. J'ai même pas eu le courage de regarder la télé.

Comme... profondément

—Dis-moi, Claude, combien de réduction est-ce qu'on nous donne sur les achats que nous faisons dans le magasin?

—On n'a aucune réduction sur rien. Le seul avantage qu'on a, c'est de pouvoir aller une fois par mois au magasin Printemps Nation, à l'autre bout de Paris. Là, ils font une réduction de 15 pour cent pour les employés de Prisunic. Parce que le Printemps et Prisunic, c'est la même boîte.»° compagnie (fam.)

1 F 27... 5 F 40... 1 F 18... 4 F 10...

«Combien, ces oranges?

—4 F 10, Madame.

—Trop cher, je ne les prends pas.»

«Carottes, 2 F 10. Yaourt,° 1 F 37. Voilà votre monnaie, yogourt
Monsieur, merci, Monsieur, au revoir, Monsieur.

—Hé, vous oubliez ma réduction!

—Non, monsieur, je n'oublie pas, mais la réduction de 20 centimes est déjà comprise dans le prix.

—Si j'avais su, je ne l'aurais pas pris, ce yaourt.»

Les petits vieux, quand on les voit passer à la caisse, c'est à vous fendre le cœur.° Ils ont pris juste le nécessaire : ils n'ont pas c'est... c'est si triste que
besoin de caddy,° eux! Et ils choisissent le lait le moins cher, le cela vous brise le cœur
petit morceau de viande le moins cher, le paquet de lentilles le

caddy

moins cher. Pour nous payer, ils ouvrent un porte-monnaie° plus vieux encore que leur manteau. Ils sortent un petit billet, ils le regardent disparaître dans la caisse, puis ils vérifient la monnaie. Avec un sourire d'excuse, ils demandent le ticket. «C'est pour mes comptes, mon petit.»

porte-monnaie

Sept heures. Enfin, la journée est finie! Nous comptons nos billets et nos pièces, nous annonçons le total à Mme Taffoureaux. «9488 F 77 centimes pour la 2.»°

la caisse numéro 2

La musique se taît. L'escalier roulant s'arrête. Deux étages pour rendre la caisse, puis redescendre au vestiaire. Vite défaire les boutons de la blouse. Un étage à monter. DEHORS!

Dix heures trente-cinq minutes exactement passées à Prisunic aujourd'hui. Comme hier. Comme demain. Je repasse devant l'entrée principale, devant les grandes portes vitrées. Elles sont pour les clients, ces portes, pas pour le personnel.

Sur une des portes, il y a une petite affiche : «On demande vendeuses.»

Adaptation d'un article de *l'Express*

Avez-vous bien lu?

Dans cet article il y a des dialogues et des récits qui évoquent ensemble l'expérience de l'auteur, qui a travaillé comme caissière à Prisunic. Analysez leur effet en répondant aux questions suivantes :

1. Quel est le rôle des dialogues dans cet article? Quel en est l'effet pour le lecteur?
2. Par contre, quel est le rôle des récits où Élisabeth Schemla raconte ce qui lui est arrivé? Quelles sortes de renseignements nous donnent-ils?
3. Quel est l'effet de l'ensemble pour vous? Par exemple, l'auteur a-t-elle réussi à vous donner une impression très immédiate et variée de son expérience à Prisunic? Sa présentation a-t-elle été plus intéressante qu'une simple narration?

Exercices

Questions

1. Pourquoi fait-on passer à la jeune femme un test de calcul mental avant de l'engager?
2. Que doit faire chaque caissière le matin en arrivant?
3. Quels avantages les employés de Prisunic ont-ils? Ont-ils des réductions sur leurs achats faits dans le magasin?
4. Pourquoi les petits vieux n'ont-ils pas besoin de caddy pour faire leur marché?
5. Combien d'heures par jour les caissières travaillent-elles à Prisunic?
6. Pourquoi certaines employées s'arrêtent-elles, la main sur le cœur?
7. Vers quelle heure est-ce que la caissière sort de son travail?

Scènes à jouer

1. Conversations téléphoniques :
   A. Vous voulez travailler comme vendeur (vendeuse) dans un grand magasin. Vous parlez au directeur (à la directrice), joué(e) par un(e) autre étudiant(e). Il (Elle) demande si :

   ▼ vous êtes marié(e);
   ▼ vous avez des enfants;
   ▼ vous avez déjà travaillé;
   ▼ vous avez travaillé comme vendeur (vendeuse);
   ▼ vous pouvez passer au magasin.

   Vous répondez aux questions selon votre propre expérience.
   B. Vous venez d'être engagé(e) comme vendeur (vendeuse) et vous avez vous-même des questions à poser. Vous demandez au directeur (à la directrice), joué(e) par un(e) autre étudiant(e) :

   ▼ quand vous pouvez commencer;
   ▼ à quelle heure vous devez venir;
   ▼ combien d'heures par semaine vous allez travailler;
   ▼ combien vous serez payé(e);
   ▼ si vous aurez une réduction sur vos achats;
   ▼ si vous allez recevoir une formation professionnelle.

2. Un vendeur (une vendeuse) et un(e) client(e) de Prisunic parlent de leurs impressions du magasin. Ils (elles) parlent de l'ambiance du magasin, des attitudes des employé(e)s et du service du personnel.

Discutons

1. Aimeriez-vous travailler dans un Prisunic? Qu'est-ce qui rend ce travail agréable (désagréable)?
2. Avez-vous envie d'aller dans un Prisunic quand vous serez en France? Expliquez votre réponse.
3. Avez-vous jamais travaillé comme vendeur (vendeuse)? Si oui, décrivez l'expérience.
4. Quelles sont à votre avis les qualités les plus importantes pour un vendeur (une vendeuse)?
5. Est-ce que la journée d'un vendeur (une vendeuse) dans un magasin américain semblable à Prisunic ressemble à celle d'Élisabeth Schemla? Expliquez votre réponse.

Sujets de composition

1. Quand la jeune femme veut s'assurer qu'elle ne viendra pas au magasin pour rien, la secrétaire lui répond au téléphone :
   «Mademoiselle, si vous avez tant besoin de travailler, vous n'avez qu'à passer», et elle termine brusquement la conversation. Que pensez-vous de l'attitude de la secrétaire? À quoi cette attitude est-elle due, à votre avis? Est-ce que cette scène se passerait de la même façon à New York ou à Chicago?
2. Quels sont les détails qui montrent les rapports qui existent entre le directeur et le personnel, le personnel entre eux, le personnel et les clients? (Bonne entente? Hostilité? Amabilité fausse ou vraie? Manque de courtoisie?...)

32

Les Immigrés : les nouveaux Français

Pour mieux lire: Immigration is a serious social issue in contemporary France, as it is in the United States. Whereas formerly many immigrants in France tended to become assimilated into French society over time, becoming truly ''French,'' the situation is considerably more complex for today's much more diverse influx of immigrants. True integration into French society is becoming increasingly difficult for many reasons, and popular antagonism toward immigrants is rising, fostered in particular by the politics of the extreme right. Within this climate, the central question arises ever more urgently: Can and should assimilation be the goal of new immigrants? As you will discover, this article suggests what the answer should be, at least under ideal circumstances. Note and consider the evidence about this complex situation as you go along so that you can ultimately evaluate for yourself the appropriateness of the response given.

Autrefois, tout semblait simple. L'immigré venait en France pour travailler. Il s'installait, il obtenait un statut social, puis, petit à petit, par le travail, l'usine, les syndicats°, l'église, il apprenait la culture française et le mode de vie, il devenait français. Ses enfants, eux, l'étaient tout à fait, l'école de la République ayant fait son oeuvre d'intégration. Certes, tout n'était pas idyllique. Les Polonais étaient parfois renvoyés chez eux, les Italiens avaient bien mauvaise réputation, la xénophobie s'exprimait souvent avec une extrême violence. Pourtant, tout le monde finissait par s'intégrer et la France pouvait se vanter° de tous ses étrangers qui ont tant contribué à sa prospérité et à sa gloire.

    Aujourd'hui tout est brouillé°. Les immigrés arrivent de pays de plus en plus lointains et sont de plus en plus divers : après les Espagnols, les Portugais et les Maghrébins°, voilà les Turcs, les Africains et les Asiatiques. Entre le jeune beur° né en France, scolarisé ici et qui n'est pratiquement jamais sorti de sa cité, le Pakistanais qui sert de porteur dans le quartier du Sentier° à Paris, et l'Africain souvent polygame, quoi de commun?

    Pour certains l'intégration à la société française est possible, en dépit d'un climat de plus en plus anti-immigrés encouragé en particulier par l'extrême droite. Pourtant, la moitié des enfants d'immigrés ont une mobilité sociale ascendante et les mariages mixtes progressent lentement (8, 7% des mariages en 1986). Les immigrés font partie des classes populaires françaises, et une poignée° figurent parmi les cadres supérieurs°.

    Mais il y a une majorité qui est laissé-pour-compte°, ceux dont la France n'a pas voulu, qui ont échoué ou qui n'ont pas eu

organisations d'ouvriers

être fière

compliqué

d'origine nord africaine

d'origine arabe

quartier où sont fabriqués les vêtements

un petit nombre/cadres employés les mieux payés

laissés de côté

les ressources suffisantes. Alors toute une partie de la population des cités, peut-être un quart, se replie sur ses quartiers et forme des zones de marginalité où elle se mélange avec les groupes les plus défavorisés de la société.

Entre ceux qui s'intègrent et ceux qui restent dans les communautés immigrées, l'hostilité est parfois plus que vive. À l'ascension individuelle des uns, les autres opposent leur conception de la solidarité communautaire. «Ou tout le monde a quelque chose ou il n'y aura rien pour personne». Alors on n'est d'accord sur rien, ni sur un mode de vie ni sur une pratique de religion. Les manifestations de la religion choquent parfois les Français mais visent° surtout les immigrés qui veulent s'intégrer, considérés par certains comme des traîtres. Les graffitis à la gloire de Dieu, les prières collectives en public et les menaces envers les vendeurs d'alcool marquent aujourd'hui les zones les plus défavorisées des cités. Tous les signes culturels et religieux deviennent ainsi l'enjeu° d'une lutte sourde°.

s'adressent à

le sujet
lutte... bataille silencieuse

Parmi les deux millions d'immigrés musulmans, certains ont adopté une forme individualiste de leur religion, pour pouvoir s'intégrer. D'autres sont plus traditionalistes et s'opposent aux «assimilés». Le cas de trois jeunes filles musulmanes qui ont voulu porter leur foulard islamique au collège a divisé la France. Le système scolaire public français est basé sur la laïcité°. Il décourage toute manifestion d'appartenance° à une religion. De plus, les motivations des jeunes filles n'étaient pas claires : la décision de porter un foulard était-elle dictée par un choix personnel, ou par la volonté religieuse de leurs parents? Est-ce que ce sont leurs parents strictement musulmans qui l' imposent, ou est-ce un choix personnel? Doit-on faire une différence entre le foulard musulman et la kippa° juive ou la croix catholique, qui ont toujours été tolérées? Bilan : dans ce collège, les jeunes musulmanes ont la permission de porter le foulard à l'intérieur, mais pas en classe. C'est désormais le responsable de chaque école qui doit prendre sa propre décision, mais cet événement a mis en relief des tensions qui s'aggravent.

non religieux

faire partie de

kippa

Les immigrés sont obligés de se décider : veulent-ils s'intégrer ou non? Pour celui ou celle qui essaie de s'intégrer, c'est un double défi : contre le racisme, il doit affirmer la dignité de son milieu, de sa culture ou de son mode de vie; contre une partie de sa communauté, il doit affirmer sa volonté de modernité et d'intégration. Accepter la modernité et l'intégration sans trahir sa communaute, son histoire ou son milieu, comment faire autrement?

Adaptation d'un article du *Nouvel Observateur*

Avez-vous bien lu?

Vers la fin de cet article, l'auteur précise la question qui lui semble centrale : «Les immigrés sont obligés de se décider : veulent-ils s'intégrer ou non?» Quelle devrait être la réponse à cette question, selon l'article? Pourquoi dit-on que pour ceux qui essaient de s'intégrer «c'est un double défi»? Est-ce que l'article dans son ensemble vous a bien préparé(e) à ses conclusions?

Exercices

Synonymes

1. Autrefois, l'immigré venait en France pour travailler et *s'établir.*
2. La France pouvait *se glorifier de* tous ses étrangers qui ont tant contribué à sa prospérité.
3. Aujourd'hui, tout est *brouillé.*
4. Les enfants des immigrés, nés en France, sont *instruits* dans des écoles françaises et apprennent la culture française.
5. Les immigrés sont un des groupes *les moins privilégiés* de la société française.
6. Pour certains, l'intégration à la société française est possible *malgré* un climat de plus en plus anti-immigrés.

Questions

1. Autrefois, que faisaient la plupart des immigrés qui venaient en France pour travailler?
2. De quoi est-ce que la France pouvait se vanter autrefois?
3. Décrivez les immigrés qui arrivent en France aujourd'hui.
4. Qu'est-ce qui indique que l'intégration à la société française est toujours possible pour certains immigrés en dépit d'un climat difficile?
5. Quelle est la situation de la majorité des immigrés en France aujourd'hui?

6. À l'ascension individuelle de certains immigrés qu'est-ce que les autres opposent?
7. Quelle forme de leur religion est-ce que certains musulmans ont adoptée? Par contre, quelle est l'attitude des traditionalistes?
8. Décrivez le cas des trois jeunes filles musulmanes qui ont voulu porter leur foulard islamique au collège.
9. Qu'est-ce que les immigrés sont obligés de décider?

Scènes à jouer

1. Une étudiante de la classe est une jeune fille musulmane française qui veut porter son foulard islamique au collège. Un(e) autre étudiant(e) est celui (celle) qui doit décider si on peut permettre cette manifestation d'appartenance à une religion. Ils présentent tous les deux des arguments variés.
2. Un(e) immigré(e) qui essaie de s'intégrer à la société française parle avec un(e) autre qui veut rester dans sa communauté immigrée. En se parlant, tous (toutes) les deux essaient de justifier leur choix.

Discutons

1. Voyez-vous des ressemblances entre la situation des immigrés en France et aux États-Unis? Est-ce qu'il y a aussi des différences?
2. En France, il y a un climat de plus en plus anti-immigrés encouragé en particulier par l'extrême droite. Y a-t-il des attitudes anti-immigrés aux États-Unis? Comment se manifestent-elles?
3. À votre avis, doit-on faire une différence entre le foulard musulman et la kippa juive ou la croix catholique, qui ont toujours été tolérées dans les écoles françaises?
4. Y a-t-il des immigrés aux États-Unis que vous admirez particulièrement? Citez des exemples.
5. À la fin de l'article on propose une solution idéale pour les immigrés : «accepter la modernité et l'intégration sans trahir sa communauté, son histoire ou son milieu.» Vous semble-t-il que ces deux conditions sont en réalité complémentaires ou contradictoires? Quelle sera l'identité de l'immigré qui accepte ces conditions?

Sujet de composition

Quelles sont vos réactions à la conclusion de cet article? Est-ce que la solution qu'on propose est juste, à votre avis? Est-elle idéaliste ou réaliste? Y a-t-il d'autres solutions pour les immigrés que l'article n'étudie pas?

Le Rallye Paris–Dakar

Pour mieux lire: The world's longest and most difficult automobile race takes participants in the course of three weeks from Paris to Dakar, the capital of **Sénégal.** This article describes the grueling event, presenting criticisms as well as evoking its significance for the participants. No single conclusion is offered; it is left to you to evaluate the information provided and to formulate your own opinion regarding **le rallye Paris-Dakar.** Different readers may therefore draw very different conclusions.

Dakar, capitale du Sénégal, vendredi 20 janvier : la course°
commencée trois semaines plus tôt à Paris est terminée. À peine°
un quart des huit cents concurrents° qui étaient au départ sont
parvenus à finir le rallye. Quelle joie pour eux d'être arrivés au
bout de la course automobile la plus dure et la plus longue du
monde!

Chaque année, environ° quatre cents autos, motos° et
camions prennent le départ de ce rallye qui les emmène dans sept
pays africains : l'Algérie, le Niger, la Côte d'Ivoire, le Burkina
Faso, le Sénégal, la Guinée et la Sierra Leone. Les concurrents
doivent parcourir 12 000 kilomètres à travers le désert et la forêt
tropicale.

La course n'est pas seulement dure pour les machines, mais
aussi pour les hommes et femmes qui doivent supporter la
chaleur étouffante° et les piqûres de moustiques.° Pour parvenir à
finir le rallye, il faut être dans une excellente condition physique
et morale et ne jamais se décourager. Bien sûr, il faut aussi un peu
de chance, car il ne suffit pas toujours d'être le meilleur.

D'autre part, la participation à la course nécessite un gros
investissement : le budget minimum d'un équipage auto s'élève à
200 000 Frs. Les participants qui ne sont pas assez riches doivent
trouver des entreprises qui acceptent de les aider financièrement,
de les «sponsoriser». Ce n'est pas chose facile. La course est
également dominée par la concurrence entre les constructeurs des
grandes marques automobiles : Porsche, Land Rover, Lada,

compétition sur une
  distance
juste

participants

à peu près/moto-
  cyclettes

suffocante
moustiques

Mitsubishi. Si une de leurs voitures gagne le rallye, cela leur fait une excellente publicité.

Chaque année, un certain nombre de vedettes participent à la course : Claude Brasseur, le comédien français, Michel Sardou, le chanteur populaire. Une année, il y avait même parmi les concurrents le chauffeur personnel du Président de la République! On trouve aussi toujours quelques femmes assez courageuses pour se lancer dans cette folle aventure; en 1984, Caroline de Monaco accompagnait son époux.°   mari

Ce célèbre rallye ne manque cependant pas de provoquer des réactions et des critiques. Certains trouvent qu'il est trop dangereux : il arrive chaque année des accidents plus ou moins graves, et des concurrents se perdent dans le désert ou dans la forêt. D'autres estiment que le contraste entre la course et les pays traversés est trop grand : imaginez toutes ces voitures qui roulent à 200 kilomètres à l'heure à travers des villages africains habituellement calmes et loin de toute civilisation. En outre,° les   en plus
800 concurrents se partagent environ 600 tonnes de nourriture en trois semaines alors que beaucoup de ces pays connaissent la faim.

En dépit des° critiques qui lui sont adressées depuis qu'il malgré
existe, le rallye Paris–Dakar repart chaque année. Et, sur la ligne
d'arrivée à Dakar, le bonheur de ceux qui ont fini la course fait
oublier tous les ennuis,° toute la fatigue.   difficultés

Adaptation d'un article de *l'Express* et du *Journal France Amérique*

Avez-vous bien lu?

Faites le résumé, pour commencer, de quelques aspects célèbres et positifs du rallye
Paris–Dakar. Après, indiquez par contre les raisons pour lesquelles on critique le rallye.
Enfin, quelle est votre propre opinion? Le rallye Paris–Dakar doit-il continuer à partir
chaque année?

Exercices

Tournures

Utilisez une de ces expressions dans les phrases qui suivent selon le sens.

autant de... que de...
plus (de)... que (de)...
moins (de)... que (de)...
aussi... que...

Il y a des hommes et des femmes dans le rallye. ➜
Il y a plus d'hommes que de femmes dans le rallye.

1. Il y a des autos et des motos qui prennent le départ.
2. Il y a des vedettes et des inconnus qui participent au concours.
3. Il y a des individus et des grandes marques d'automobile qui sponsorisent des
   équipages.
4. Le rallye Paris–Dakar et le rallye Paris–Monaco sont longs.
5. Le climat en France est chaud et le climat dans le désert est chaud.
6. Il y a des critiques du rallye et des supporters du rallye.
7. Ce rallye est fatigant et fortifiant.

Vrai ou faux?

1. Plus de la moitié des concurrents du rallye terminent la course.
2. Il y a non seulement des autos, mais des motos et des camions qui participent à cette compétition.
3. Ce sont le climat et le terrain qui sont les plus grands obstacles pour les participants.
4. La majorité des participants sont des personnalités très connues.
5. Les différents équipages ont souvent l'aide financière d'une grande entreprise automobile.
6. Une victoire à ce rallye peut aider la vente des voitures de la même marque.
7. Selon l'article il y a chaque année de plus en plus de femmes qui participent à ce rallye.
8. Certaines personnes reprochent à ce rallye le fait qu'il déploie la richesse du monde occidental dans le tiers monde appauvri.
9. Un succès dans ce rallye fait oublier les inconvénients du parcours.

Questions

Essayez de répondre sans consulter le texte.

1. Quelle est la capitale du Sénégal?
2. Combien de participants réussissent à finir cette course?
3. Citez quelques uns des pays africains traversés par ce rallye.
4. Par qui sont financés les participants?
5. Pourquoi les grands constructeurs automobiles sont-ils prêts à financer les équipes?

Scènes à jouer

1. Vous êtes journaliste et vous interviewez des concurrents du rallye Paris–Dakar qui sont parvenus à le finir. Vous leur parlez de leurs motivations et aussi des ennuis de la course.
2. Un(e) Africain(e) de Dakar parle du rallye Paris–Dakar avec un(e) Français(e). Tous (Toutes) les deux expriment leurs réactions et leurs critiques, parfois en se contredisant.

Discutons

1. Le rallye Paris–Dakar va-t-il continuer à exister et repartir chaque année malgré les critiques?

2. À votre avis, pourquoi est-ce qu'un certain nombre de vedettes participent à la course chaque année?

3. Aimeriez-vous participer à ce rallye? En moto ou en auto? Dites pourquoi.

4. Connaissez-vous d'autres compétitions sur longue distance? Si oui, décrivez-les.

5. Le rallye Paris–Dakar traverse plusieurs pays francophones d'Afrique dans lesquels la vie des peuples est très différente de celle des Français en France. Choisissez un de ces pays et parlez de son histoire, de sa culture et de ses relations avec la France.

Sujets de composition

1. Les Français aiment beaucoup les compétitions comme le rallye Paris–Dakar. Faites un rapport sur une autre course française (Tour de France, 24 heures du Mans, Grand Prix de Monaco).

2. Vous voulez participer au rallye Paris–Dakar mais vous n'êtes pas assez riche. Vous cherchez une entreprise qui accepte de vous «sponsoriser»; afin d'être persuasif (persuasive), vous faites le résumé de toutes les raisons pour lesquelles on doit le faire.

Les Grottes de Lascaux

Pour mieux lire: This reading is in the form of an interview with **Jacques Marsal** who, at the age of 15, was the first person to discover the exceptional work of paleolithic artists in the caves of **Lascaux** in Dordogne. Because of the interview format it is easy to imagine that Marsal is speaking directly to us, and it is not surprising that his responses to the questions embody conversational qualities of the spoken language. This less formal style is characterized by such traits as use of some familiar words and expressions, an occasional aside or exclamation, an occasional meandering sentence or digression, and repetitions. Your familiarity with these and related characteristics of the spoken language should make it easy for you to understand this unusual interview.

Peintes et gravées il y a plus de 10 000 ans, les grottes de Lascaux en Dordogne sont parmi les plus belles grottes préhistoriques du monde. C'est un ensemble de 150 peintures et gravures sur pierre d'une exceptionnelle beauté, qui représentent l'environnement quotidien de l'homme à l'âge paléolithique. Depuis 1963, ces grottes sont fermées au public pour éviter leur dégradation (à l'air et à la lumière). Après dix années de travail, des artistes ont réalisé un fac-similé,° à deux pas° de l'œuvre originale : Lascaux II. Jacques Marsal, qui, le premier, a découvert les grottes de Lascaux et leur a consacré sa vie, est toujours responsable de leur sauvegarde et de leur entretien. Il avait 15 ans le 12 septembre 1940 quand il pénétra dans ces grottes...

copie/à... très proche

Journal Français d'Amérique : Monsieur Marsal, il y a quarante ans environ, vous avez découvert les grottes de Lascaux. Pourriez-vous nous raconter les circonstances de cet événement extraordinaire?

Jacques Marsal : Je me rappelle ce jour comme si c'était hier! C'était le 12 septembre 1940. Il était 4 heures 30 de l'après-midi. J'avais 15 ans. Une légende de notre village de Montignac parlait d'un souterrain qui, partant de l'ancien château, serait passé sous la rivière et aurait conduit au vieux manoir abandonné de Lascaux. De là, disait la légende, partait un autre souterrain dans lequel se trouvait un trésor.

Ne faut-il pas voir dans cette légende une prémonition de l'existence des merveilleuses peintures de Lascaux?

J. Marsal : Je ne le pense pas. Personne ne connaissait ces grottes. La légende racontait en plus qu'il y avait un veau d'or. On a depuis identifié la raison de cette croyance° : quand on passe sur la route de Lascaux on entend un écho.

légende

Donc, stimulé par la légende, vous êtes parti en quête du° trésor?

en... à la recherche du

J. Marsal : En effet, dans la région, tous les garçons s'intéressent plus ou moins à la recherche d'objets préhistoriques. La région est pleine de petites grottes. À l'emplacement de Lascaux, il y avait un abri° que l'on connaissait bien.

s'intéressent plus ou moins à

refuge, endroit sûr

Ce jour-là, le 12 septembre, on avait décidé d'essayer de pénétrer dans un trou fait 20 ans auparavant par un gros arbre qui avait laissé cette mystérieuse ouverture.

qui avait

Cela avait l'aspect d'une faille.° Nous avons lancé des pierres
au fond du trou. Elles sont tombées dans un autre trou plus
profond. On a essayé de passer dans la faille mais c'était trop
étroit. L'aîné, Marcel Ravidat, qui était plus costaud,° s'est
glissé° le long de la faille. Il m'a appelé : «*Eh, Marsal! On dirait
que ça s'agrandit!*». Alors, je suis descendu tant bien que mal,
avec les autres copains. On avait une petite lampe qu'on avaitt
fabriquée. On s'est avancé et on est arrivé dans une grotte, sans
voir grand'chose.

trou

fort (fam.)

s'est... s'est introduit dans

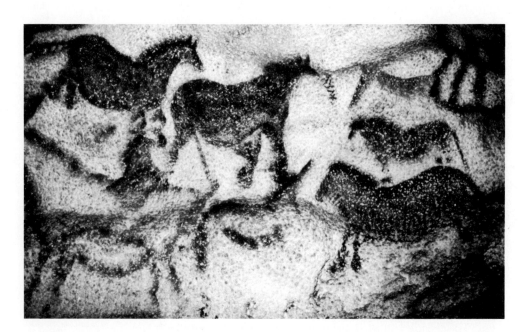

On a continué à avancer, puis on a traversé une autre salle.
À ce moment-là, nos yeux s'étaient habitués à l'obscurité. On a
levé la petite lampe... On a vu des peintures, et encore davantage
de peintures! Plus on s'avançait, plus on en voyait! Comme le
calcaire° est très blanc, les peintures rouges, noires et jaunes se
détachaient d'autant mieux. «*Dis, t'as vu, t'as vu?*» On était
devenue «dingues»,° tellement excités. C'est un moment inoublia-
ble. Avec notre lampe, on a vu un grand taureau. C'était
impressionnant.

Mais notre lampe commençait à s'affaiblir. Il fallait que nous
partions. Il était plus facile de sortir que d'entrer car on voyait la
lumière du jour qui nous guidait.

pierre blanche

fous (fam.)

C'était donc la première fois depuis 10 000 ans environ que quelqu'un voyait ces peintures. Qu'est-ce que vous avez ressenti? Vous rendiez-vous compte de l'importance de cette découverte?

J. Marsal : On se rendait plus ou moins compte de cela. On est ressorti tout excités. Mais on s'est dit : «*Il ne faut rien dire. C'est à nous, c'est notre trésor!*».

On est revenue le lendemain avec des lampes, des pioches et quelques outils. On est resté toute la journée. Le surlendemain, 14 septembre, chacun avait amené un copain. Mais cette fois, on faisait payer 40 sous° l'entrée.

un sou = 5 centimes (archaïque)

Bien sûr, qu'on était excités! Déjà, tomber dans une grotte inconnue, c'est excitant, mais trouver ces peintures… on était comme fous, hors de nous.

Quand avez-vous décidé d'alerter les spécialistes?

J. Marsal: Ravidat et moi, on a décidé qu'on ne pouvait pas laisser les jeunes galoper sans contrôle dans la grotte. On en a parlé à M. Laval, notre ancien instituteur à la retraite. Il était passionné de journalisme et plus encore de préhistoire. Pendant que Ravidat restait à la grotte, je suis allé raconter à M. Laval ce qu'on avait vu :

«*C'est des bêtes! Plein de bêtes!*». Lui, il a d'abord cru qu'on lui faisait une blague° : «*Quoi? des bêtes? Qu'est-ce que c'est que ces bêtes?*». Il croyait qu'on avait vu des stalactites qu'on avait prises pour des formes animales. Comme cela devenait difficile de le décider, on lui a fait des dessins : «*On a vu des bêtes grosses comme ça; y'en a partout, des vaches, des buffles, des taureaux,° qui courent, qui sautent!*».

joke

taureau

M. Laval s'est bien rendu compte qu'il ne s'agissait pas de stalactites. Mais il était vieux et pas très solide sur ses jambes. On l'a aidé à descendre, on a agrandi le trou, creusé des marches.°

creusé... fait des marches, une sorte d'escalier

Quand il est arrivé dans la première salle des taureaux, et qu'il a vu les peintures, il s'est écrié : «*M...!*». C'était son premier mot. Il était tellement excité qu'il avait de la peine à ne pas s'étrangler d'émotion. Il a contacté l'Abbé Breuil, un des plus grands spécialistes de la préhistoire. Celui-ci est venu immédiatement.

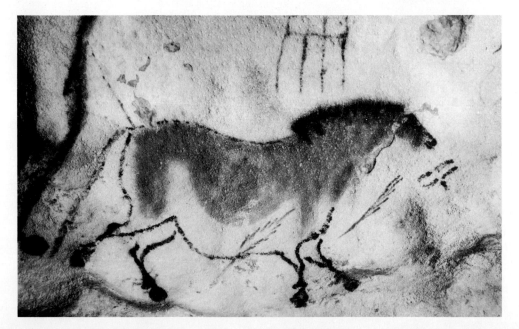

Racontez ce qui s'est passé après que les pré-historiens et spécialistes aient vu Lascaux? De quand date l'ouverture de la grotte au public?

J. Marsal : On a vite compris qu'il fallait protéger la grotte contre les envahisseurs° qui ne comprenaient pas et pouvaient y laisser des graffiti. Il fallait donc quelqu'un sur place. D'abord, c'est Ravidat et moi qui avons assuré cette protection. On a campé sous une tente de soldats, juste au dessus de la grotte. On était les premiers guides spontanés. À tour de rôle,° on accompagnait l'Abbé Breuil pour l'aider dans ses premiers relevés de gravures et peintures. On s'initiait ainsi à la préhistoire, avec le meilleur maître du monde!

Pour vous, c'était comme une merveilleuse aventure, plus belle que tout ce que vous pouviez trouver dans les livres?

J. Marsal : Certainement. Je devenais de plus en plus mordu° de préhistoire.

Et puis, la guerre est venue jusqu'à nous, la grotte a été fermée. En 1944, les Allemands sont venus à Montignac en représailles à cause des Résistants. J'étais parmi les personnes qu'ils ont déportées en Allemagne. Mais j'en suis revenu après la guerre. À mon retour, la grotte était toujours fermée.

Finalement la grotte de Lascaux a été rachetée par l'Etat qui décida de l'aménager et de l'ouvrir au public. C'était en 1948; je suis revenu à Lascaux et n'en suis jamais reparti.

Est-ce que Lascaux a été immédiatement connu du grand public?

J. Marsal : Cela a fait tout de suite un «boum» terrible. Il y a deux raisons à cela : c'est la seule grotte au monde qu'on ait pu photographier et reproduire en couleurs. Ensuite, la publication des Editions Skira, en trois langues, sur la grotte, en a rendu célèbre les merveilles. Quand les gens ont vu les photos en couleurs, ils ont dit : *«C'est pas possible!»*. Et les visiteurs ont commencé à affluer.°

Cela a augmenté tous les jours jusqu'à ce qu'on enregistre, en 1960, presque 2 000 visiteurs par jour. Les gens se battaient presque pour voir les Miracles de Lascaux.

Lascaux, c'est quoi pour Jacques Marsal?

J. Marsal : D'avoir découvert Lascaux, ça a complètement conditionné ma vie. J'avais 15 ans et j'en ai 55. Quand j'ai trouvé

ceux qui entrent par force

À... chacun son tour, l'un aprés l'autre

passionné (familier)

arriver en grand nombre

Lascaux, je ne m'intéressais pas particulièrement à la préhistoire.
Mais, après, je n'ai pas voulu retourner à l'école.

Et cela fait 40 ans que Lascaux, c'est toute ma vie!

Alors, Jacques Marsal, c'est l'ange gardien de Lascaux?
J. Marsal : Eh oui! C'est ça, c'est bien ça!

Adaptation d'une interview de Anne Prah-Perochon, du *Journal Français d'Amérique*

Avez-vous bien lu?

Voici des phrases tirées de l'interview de Jacques Marsal qui illustrent des caractéristiques variées de la langue parlée. Servez-vous de la liste ci-dessous pour indiquer quelle caractéristique est particulièrement évidente dans chaque phrase.

emploi de mots familiers
répétition d'un mot ou d'une phrase
exclamation
tournure de la langue parlée
digression
phrase incomplète

Je me rappelle ce jour comme si c'était hier! : *exclamation*

1. On était devenu «dingues», tellement excités. : _____

   _____

2. Comme le calcaire est très blanc, les peintures rouges, noires et jaunes se détachaient d'autant mieux. «Dis, t'as vu, t'as vu?» : _____

3. Bien sûr, qu'on était excités! : _____

4. Déjà, tomber dans une grotte inconnue, c'est excitant, mais trouver ces peintures... on était comme fous, hors de nous. : _____

5. «On a vu des bêtes grosses comme ça; y'en a partout, des vaches, des buffles, des taureaux, qui courent, qui sautent!» _____

6. «C'est pas possible!»

7. D'avoir découvert Lascaux, ça a complètement conditionné ma vie. : _____

   _____

8. Eh oui! C'est ça, c'est bien ça! : _____

Exercices

Synonymes

Trouvez les synonymes dans le texte.

1. Je me *souviens de* ce jour comme si c'était hier.
2. Il y avait une *caverne* dans la région.
3. Une *vieille histoire* du village parlait d'un souterrain.
4. On est arrivé dans la grotte sans pouvoir voir *beaucoup*.
5. On était devenu «*fous*».
6. Notre lampe commençait à *s'éteindre*.
7. Il avait de la peine à ne pas *s'étouffer* d'émotion.
8. Les Editions Skira ont publié un *volume* en trois langues.
9. Quand j'ai *découvert* Lascaux, la préhistoire ne me touchait pas tant.
10. Le nombre de visiteurs *s'est accru* jusqu'en 1960.

Familles de mots

Ecrivez une petite phrase utilisant chacun des mots qui suivent.

venir	à venir
devenir	parvenir
revenir	prévenir
convenir	souvenir
avenir	provenir

Questions

1. Comment est-ce que Jacques Marsal et ses copains sont parvenus à découvrir les grottes de Lascaux?
2. Après la découverte des grottes, qu'est-ce que Marsal et ses copains ont fait?
3. Comment Marsal et ses copains se sont-ils initiés à la préhistoire?
4. Quel a été le sort de Marsal et de la grotte pendant la guerre?
5. Est-ce que Lascaux est connu du grand public? Pourquoi, selon Marsal?
6. En 1960, combien de visiteurs a-t-on enregistré par jour?
7. Quelle a été l'importance de Lascaux dans la vie de Marsal?

Scènes à jouer

1. Imaginez à plusieurs que vous êtes Jacques Marsal et ses copains (copines) le jour où il a découvert les grottes. Le (la) premier(ière) étudiant(e) commence le récit de la journée; le deuxième continue, le troisième poursuit, etc., jusqu'à la fin de l'interview.
2. Deux touristes, joués par deux étudiant(e)s, visitent Lascaux II. L'un(e) est satisfait(e) de voir le fac-similé; l'autre regrette que l'œuvre originale soit fermée au public. Recréez leur conversation.

Discutons

1. Connaissez-vous des exemples de découvertes qui ont totalement changé la vie de la personne qui les a faites?
2. Racontez l'expérience d'autres personnes qui sont devenues expertes dans leur travail sans avoir fait d'études spécialisées dans ce domaine.
3. Quelles questions voudriez-vous poser vous-même à Jacques Marsal, si vous aviez l'occasion de l'interviewer?
4. De plus en plus on a fermé des sites préhistoriques qui sont en danger. Quel est l'intérêt de protéger des sites que personne ne peut voir? Les visiteurs ont-ils certains droits? Pouvez-vous envisager des solutions équitables?
5. Faites des recherches sur un sujet qui vous intéresse relatif à la Dordogne. Par exemple, vous pouvez vous renseigner sur d'autres exemples de l'art préhistorique qu'on y trouve ou sur ses spécialités gastronomiques telles que le foie gras, le pâté et les confits. Présentez vos recherches à la classe.
6. Avez-vous jamais fait des explorations dans la région où vous habitez? Si oui, qu'est-ce que vous avez découvert d'intéressant?
7. Est-ce que la préhistoire vous intéresse? Pourquoi, ou pourquoi pas?

Sujet de composition

Imaginez que vous êtes le premier (la première) à découvrir un objet d'art, un site historique, une ville inconnue, etc. Décrivez votre «découverte».

35

La Martinique

Pour mieux lire: The introductory paragraph of this reading lets us know immediately that we are not simply going to be presented with information about Martinique's traditional attractions and picturesque beauty. Rather, we learn that present-day Martinique is characterized by contrasts, even contradictions, as its inhabitants seek to shed outmoded ways while trying simultaneously to preserve their rich heritage. Try to take note of these varying contrasts as you read. Some are merely implicit in the text. Others are announced by the adverb **mais,** or by the use of the negative expressions **ne…plus** and **ne…que** around verbs to indicate departures from past ways of doing things. Such words as **maintenant** and **aujourd'hui** signal palpable contrasts between past and present. These contrasts, seen against the island's historical background, give a dynamic picture of present-day **Martinique**, one far removed from the now outmoded image of its men and women (the latter standing in the shadow of their husbands) wearing the traditional creole **foulard** and **madras** costume.

La Martinique est une île de contrastes, de contradictions même. Elle a été découverte et colonisée par les Européens, mais la majorité de la population actuelle est noire, composée en grande partie de descendants d'esclaves°. Ils sont fiers de leur île aujourd'hui et de son passé, double héritage européen et africain. Mais les Martiniquais, et surtout les Martiniquaises, veulent se débarrasser d'une image vieillie, tout en préservant leurs traditions.

serviteurs achetés et soumis à un maître

C'est Christophe Colomb qui, en 1502, a découvert l'île que les indigènes appelaient l'île Madinina, «l'île aux fleurs», et aussi «l'île aux femmes», mais que Colomb a rebaptisée Martinique. Des vagues de colonisateurs se sont succédées dans l'île, qui a été annexée à la France en 1674. Connue comme «le petit Paris», Saint-Pierre, à l'origine capitale de la Martinique, a été détruite par une éruption volcanique de la Montagne Pelée en 1902. Il n'y a eu qu'un seul survivant, un certain Cyparis, prisonnier dans une cellule souterraine°. Pour éviter la menace de ce volcan, la capitale a été déplacée dans un endroit plus sür : la ville de Fort-de-France.

sous la terre

Depuis 1946, la Martinique est un département d'outre-mer français, avec le même statut que tous les départements de France. L'influence française se fait sentir partout dans la capitale. Les Martiniquais ont aussi apporté leur contribution à la France, notamment par l'intermédiaire de deux femmes qui ont, d'une façon ou d'une autre, régné sur la France. La première, Françoise d'Aubigné, a vécu dans le village du Prêcheur dans les

conditions difficiles des premiers jours de la colonie. Puis, à Paris, elle est devenue gouvernante des enfants de Louis XIV avant de devenir sa seconde femme. Nous la connaissons mieux sous le nom de Madame de Maintenon. Plus fameuse encore est Marie Josèphe Rose Tascher de la Pagerie. Elle a quitté la Martinique à l'âge de seize ans pour se marier en France. Veuve à trente ans, mère de deux enfants, elle est présentée à un jeune officier doté d'un grand destin : Napoléon Bonaparte. Il l'appelle Joséphine.

En 1804, Napoléon est couronné° «Empereur des Français»   reçoit le titre
et Joséphine, Impératrice. Mais son rôle dans l'histoire de la
Martinique est très discuté car elle venait d'une famille qui
possédait des esclaves. On la soupçonne de ne pas avoir été
opposée à l'esclavage. Joséphine est aujourd'hui la plus célèbre
des femmes créoles, nom qui, à l'origine, désignait° les descen-   indiquait
dants des Européens. Mais le mot «créole», très riche de sens, est
actuellement utilisé pour décrire le costume, la langue et la
cuisine des divers peuples antillais°.   venant des îles des
Caraïbes

La Martinique présente un grand mélange de races : des
Africains—les Martiniquais viennent surtout de Guinée—
auxquels se sont ajoutés des Indiens (des Indes), et naturellement

des Français. Tout en Martinique est un mélange de ces trois ethnies°—le langage, la nourriture, les costumes.

races

Le costume créole traditionnel fait partie du passé. On ne le voit que pour les fêtes folkloriques ou lorsqu'on essaie de le vendre aux touristes. Par contre, la langue créole est très vivante. Le français est la langue officielle, enseigné dans les écoles, mais c'est le créole qui est le plus souvent parlé par les Martiniquais. La cuisine créole traditionnelle, épicée°, reflète l'influence de plusieurs pays, y compris° l'Afrique et l'Inde.

très assaisonnée
y... inclus

L'activité touristique en Martinique est importante, parce qu'elle est reliée à toutes les autres activités que l'on trouve sur l'île : l'agriculture, la pêche et l'artisanat bénéficient du développement du tourisme. Aujourd'hui l'économie dépend de moins en moins de l'agriculture et des industries traditionnelles, comme la production de sucre, de bananes et de rhum. En dehors du tourisme, le commerce international se développe dans le port de Fort-de-France. Dans cette économie en évolution, les femmes martiniquaises veulent jouer un rôle plus important.

Comme les hommes, les femmes martiniquaises sont descendantes d'esclaves, importées d'Afrique de force. Mais plus encore que les hommes, elles ont subi la loi des maîtres, avec souvent les violences sexuelles que cela pouvait entraîner°. Mais la femme d'aujourd'hui à la Martinique est généralement perçue° comme une battante. Elle n'est plus celle qui figurait° sur les cartes postales, avec les beaux bijoux°, avec le foulard et le madras°, dans l'ombre d'un mari. Maintenant on trouve des

apporter
ressentie
était vue

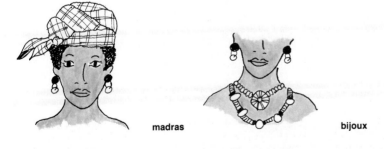

madras   bijoux

femmes dans toutes les professions, car elles choisissent des métiers autrefois réservés aux hommes. Elles sont médecins, avocats et professeurs, et elles pénètrent par ailleurs° le monde culturel, artistique et politique. D'après une Martiniquaise : «Je

aussi

suis persuadée que les femmes sauront faire comprendre aux
hommes que la société martiniquaise ne pourra avancer qu'avec
la participation indispensable des femmes, en tant que° profes-   comme
sionnelles, et non seulement comme mères de familles».

Adaptation de la transcription de la vidéo *Martinique : «Adieu foulard, adieu
madras».* Actuel Vidéo Inc.

Avez-vous bien lu?

Faites le résumé des contrastes, des contradictions même, qui caractérisent la Martinique
moderne en répondant aux questions suivantes :

1. Les Martiniquais et surtout les Martiniquaises veulent se débarrasser d'une image
   vieillie. Mais en même temps qu'est-ce qu'ils cherchent à préserver?
2. L'impératrice Joséphine est aujourd'hui la plus célèbre des femmes créoles martiniquaises. Mais de quoi est-ce qu'on la soupçonne?
3. Autrefois on portait le costume créole traditionnel; aujourd'hui on ne le voit que
   rarement. Quand le voit-on parfois?
4. Le français est la langue officielle, mais quelle langue est-ce qu'on parle d'ordinaire?
5. Autrefois l'économie dépendait de l'agriculture et des industries traditionnelles.
   Maintenant en dehors du tourisme, quels changements sont évidents dans cette
   économie en évolution?
6. Parlez un peu du contraste entre l'image traditionnelle de la femme martiniquaise et la
   femme d'aujourd'hui.

Exercices

Questions

1. Quand est-ce que Christophe Colomb a découvert l'île de la Martinique? Et quand
   est-ce qu'elle a été annexée à la France?
2. Quelles sont les deux femmes martiniquaises qui ont, on peut dire, régné sur la
   France? Expliquez.
3. Quel grand mélange de races la Martinique présente-t-elle?
4. Décrivez la cuisine créole traditionnelle.
5. À quelles activités sur l'île est-ce que l'activité touristique est reliée?

6. Comment est-ce que la femme d'aujourd'hui à la Martinique est généralement perçue?

7. Où trouve-t-on maintenant les femmes?

8. Selon une Martiniquaise, qu'est-ce que les femmes sauront faire comprendre aux hommes?

Scène à jouer

Un(e) touriste a des conceptions traditionnelles de la Martinique : il (elle) croit voir de belles femmes avec le foulard et le madras et des scènes pittoresques d'une économie qui dépend de l'agriculture et des anciennes industries. Il (Elle) parle avec un(e) Martiniquais(e) qui décrit la femme martiniquaise d'aujourd'hui et ses attitudes, aussi bien que l'économie en évolution.

Points de vue

1. On parle des attitudes de la femme martiniquaise, qui est généralement perçue comme une battante. Mais on ne considère pas vraiment l'homme martiniquais dans cet article. Pouvez-vous déterminer quelles auraient été les attitudes traditionnelles des Martiniquais?

2. Pouvez-vous préciser «l'image vieillie» dont les Martiniquais et surtout les Martiniquaises veulent se débarrasser?

3. Est-ce que vous vous étonnez des préoccupations des Martiniquaises? A-t-on raison à votre avis d'affirmer que la participation des femmes sera indispensable pour l'avancement de la société martiniquaise? Expliquez votre réponse.

4. La Martinique est un département d'outre-mer français. Faites des recherches pour vous renseigner sur l'influence française à la Martinique et présentez-les à la classe.

5. Avez-vous envie d'aller à la Martinique ou préférez-vous visiter une autre île antillaise? Expliquez votre réponse.

Sujet de composition

Vous paraît-il difficile de se débarrasser d'une image vieillie tout en préservant ses traditions, comme les Martiniquais veulent le faire? Expliquez votre réponse.

Vocabulaire

The vocabulary contains all the words that appear in the text except the definite article and proper names. Definitions given are only those applicable to the text. Irregular verb forms are listed alphabetically, not under the infinitive form. Irregular noun plurals are listed, as are irregular feminine forms of adjectives and nouns derived from adjectives.

The following abbreviations are used:

abbr	abbreviation	*imp*	imperative
cond	conditional	*pl*	plural
f	feminine	*pp*	past participle
m	masculine	*pres par*	present participle
fam	familiar	*subj*	subjunctive
fut	future		

A

a (avoir) : il a   he has
à   at, to
abandonnant (*pres par of* **abandonner**)   abandoning
abandonner   to abandon
abîme (abîmer)   to damage, ruin
d'abord   first, at first
abbreviation *f*   abbreviation
abri *m*   shelter
absence *f*   absence
absolument   absolutely
absurde   absurd, senseless
accompagner   to accompany
accompagné de   accompanied by
accomplir   to accomplish

accord *m*   agreement
  d'accord   in agreement
accorder   to grant; to give
  s'accorder   to agree with
accrue (*pp of* **accroître**)   augmented
accueillir   to welcome
accusant (*pres par of* **accuser**)   accusing
achat *m*   purchase
acheter   to buy
achèterais (*cond of* **acheter**) : **je n'achèterais jamais**   I would never buy
acheteur *m*   buyer
acquérir   to acquire
acte *m*   act

acteur *m*   actor
actif   active
action *f*   action
activité *f*   activity
actrice *f*   actress
actuel, -elle   present, current
actuellement   now, at the present time
adapter   to adapt, adjust
  adapté de   adapted from
adjectif *m*   adjective
admettre   to admit
administratif   administrative
administrer   to govern; to administer
admirablement   admirably
admirer   to admire

adolescence *f* youth
adolescent *m* adolescent, youth, young person
adopter to adopt, take up
adorer to adore
adresse *f* address
s'adresser à to apply to
adulte *mf* adult
aérien aerial
aéroport *m* airport
aéropostale air postal
affaiblir to weaken
affaire *f* business, matter
affiche *f* announcement, notice, sign, poster
affiné refined
affirmer to declare, assert
affluer to come in great quantity
affolé (*pp of* **affoler**) upset
africain African
Afrique *f* Africa
âge *m* age
   âge des métaux Bronze Age, c. 2000 B.C.
âgé old
agent *m* agent
   agent de police *m* police officer
   agent immobilier *m* real estate agent
s'agir de to be a question of
s'agit de (**s'agir de**) : **il s'agit de** its a question of
agréable agreeable, pleasant
ai (**avoir**) : **j'ai** I have
   je n'en ai pas I don't have any
aide *f* aid, help
aider to help
ail *m* garlic
ailleurs elsewhere
   par ailleurs besides, also
   d'ailleurs besides
aimer to like, love
ainsi thus; therefore
air *m* air; appearance
   avoir l'air to seem, appear
   en plein air in the open air, outdoors
aisé wealthy
ajoutez (*imp of* **ajouter**) add

alcoolique alcoholic
alentours *m pl* surroundings
alerte alert
alexandrin *m* alexandrine
aliment *m* food
alimentaire of, for eating
alimentation *f* food
allaient (**aller**) : **ils allaient** they went
allant (*pres par of* **aller**) : **en allant** while going
allé (*pp of* **aller**) : **je suis allé** I went
allée *f* alley, lane
Allemagne *f* Germany
allemand German
Allemand *m* (a) German
aller to go
   à l'aller going
   aller et retour round trip
allez (**aller**) : **vous allez le savoir** you are going to find out
allié *m* ally
allions (**aller**) : **nous allions** we used to go
alló hello (*telephone greeting*)
allure *f* manner, style
alors then, so
   alors que whereas; when
Alpes *f pl* Alps
amabilité *f* amiability
amant *m* lover
amasser to accumulate
ambassade *f* embassy
ambulance *f* ambulance
âme *f* soul
améliorer to improve
   s'améliorer to improve oneself
amener to bring; to lead; to bring about
amènera (*fut of* **amener**) : **qui l'amènera** which will bring him
américain American
   à l'américaine American-style
Américain *m* (an) American
Amérique *f* America
Amérique du Sud *f* South America

ami *m* friend
amitié *f* friendship; affection
amortissement *m* amortization
amour *m* love
amoureux, -euse in love
amusant amusing
s'amuser to enjoy oneself, have fun, have a good time
an *m* year
   à 12 ans at age 12
   de 24 ans 24 years old
analysant (*pres par of* **analyser**) : **en analysant** upon analyzing
ancêtre *m* ancestor
ancien ancient, old; former
anglais English
Anglais *m* (an) Englishman
Angleterre *f* England
Anglo-American *m* (an) Anglo-American
animal *m* (*pl* **animaux**) animal
année *f* year
   d'annee en année from year to year
   l'année scolaire the school year
   les années 40 the forties
   ces dernières années in the last few years
annonce *f* announcement; advertisement
annoncer to announce
annuaire *m* telephone book
anonyme anonymous, nameless
antiféministe antifeminist
antillais from the West Indies
antonyme *m* antonym
août *m* August
s'aperçoit (**s'apercevoir**) : **on s'aperçoit** one realizes, notices
aperçu (*pp of* **s'apercevoir**) : **je me suis aperçu** I realized
apéritif *m* aperitif
appartenir to belong
appel *m* call
appelé (*pp of* **appeler**) called, named
appeler to call; to name
   s'appeler to be named

appétit *m* appetite

applicable applicable; appropriate

appliquez (*imp of* **appliquer**) apply

apporter to bring

apprenant (*pres par of* **apprendre**) teaching

apprend (**apprendre**) : il apprend he is learning

apprendre to learn; to teach

apprenne (*subj of* **apprendre**) : que j'apprenne that I learn

apprennent (**apprendre**) : ils apprennent they learn

apprenti *m* apprentice

appris (*pp of* **apprendre**) : il a appris he learned

s'approcher to draw near

approuver to approve; to agree to

après after

d'après according to

après avoir after having

après tout after all

après-midi *m* afternoon

aptitude *f* aptitude, capacity

archéologique archeological

architecte *m* architect

ardu difficult

argent *m* money

arme *f* arm, weapon

armée *f* army

arrangeant (*pres par of* **arranger**) settling; conciliatory

arranger to settle, arrange

s'arranger to manage; to settle matters

arrêt *m* law, decree

arrêter to stop; to arrest

s'arrêter to stop

arrière rear

arrivé (*pp of* **arriver**) : il est arrivé he arrived

ils y sont arrivés they succeeded

arrivée *f* arrival

à mon arrivée when I arrived

arriver to arrive; to happen

Vous arrive-t-il de...? Do you ever . . . ?

arriver à to succeed (in)

art *m* art

article *m* article

articulé mobile; **bras articulé** flexible arm

artificiel artificial

artiste *mf* artist

artistique artistic

as (**avoir**) : **tu as** you have

ascenseur *m* elevator

aspect *m* appearance; look; aspect

asservissement *m* enslavement

s'asseyent (**s'asseoir**) : ils s'asseyent they sit

assez enough; rather

s'assied (**s'asseoir**) : elle s'assied she sits down

assiette *f* plate

assis (*pp of* **asseoir**) seated

assister à to attend

assurance *f* self-confidence

assurer to assure; to insure

astres *m* stars

atelier *m* workshop

l'Atlantique *m* the Atlantic

atmosphère *f* atmosphere

atout *m* advantage, opportunity

attacher to attach

attaque *f* attack

attendait (**attendre**) : qui m'attendait who was waiting for me

attendre to wait; to wait for, await

attentif careful

attention *f* attention; care

attitude *f* attitude

attraper to grab, catch

attribuer to attribute

aucun not any, none

audacieux bold, daring

au-dessus de above, over

augmenter to increase

aujourd'hui today

auquel, à laquelle to which

aura (*fut of* **avoir**) : **il aura** he will have

il y aura there will be

qui aura 51 km de long which will be 51 km in length

aurais (*cond of* **avoir**) : j'aurais I would have

auras (*fut of* **avoir**) : tu auras you will have

aurez (*fut of* **avoir**) : vous aurez you will have

auriez (*cond of* **avoir**) : auriez-vous ? would you have?

aurons (*fut of* **avoir**) : nous aurons we'll have

aussi also, too; as so

aussi...que as . . . as

austère austere

austérité *f* austerity

autant (de) so much, so many; as much, as many

autobus *m* bus

automobiliste *mf* driver

autorité *f* authority

les autorités the authorities

autoroute *f* express highway

autour around, about

autre other

autre chose something else

d'autres others, other people

les autres other people

autrefois formerly

autrement otherwise

Auvergnat *m* a native of Auvergne

Auvergne *f* province in south-central France

avaient (**avoir**) : ils avaient they had

avais (**avoir**) : si j'avais if I had

avait (**avoir**) : il avait he had

avait 20 ans was 20 years old

avait marre (*imperfect of* **avoir marre**) *fam* : Tout le monde en avait marre. Everyone was fed up.

avaler to swallow

avance *f* advance

à l'avance in advance

avancé advanced

avancer to move forward

avant before

  avant J.-C. B.C.

  avant de pouvoir before being able

avantage *m* advantage

avec with

aventure *f* adventure

avez (avoir) : vous avez you have

  vous n'avez qu'à passer you have to [must] come by

aviateur *m* aviator

avion *m* airplane

avions (avoir) : nous avions we had

avis *m* opinion

avoir to have

  avoir l'air to look, seem

  avoir envie to want, feel like (doing something)

  avoir peur to be afraid

  avoir soif to be thirsty

avons (avoir) : nous avons we have

avril *m* April

B

baccalauréat *m* (**le bac** *fam*) degree from university (in France)

bain *m* bath

baiser to kiss

baisse *f* fall

baisser to lower

ballet *m* ballet

banane *f* banana

banc *m* bench

banlieue *f* suburb

banlieusard *m* suburbanite

banque *f* bank

baptiser to baptize

bar *m* bar

barbu *m* bearded man

bas low

  tout bas softly

basket-ball *m* basketball

bas-relief *m* bas-relief, low relief

se batailler to do battle

bateau *m* boat

bâtiment *m* building

battre to beat

beau, belle beautiful, fine

beaucoup (de) much, many

beauté *f* beauty

bébé *m* baby

belle *see* **beau**

berbère Berber

berger *m* shepherd

besoin *m* need

  avoir besoin (de) to need; to need to

bête *f* animal

  c'est bête that's dumb

beur *m fam* a person of Arab descent

beurre *m* butter

bibliothèque *f* library

bicyclette *f* bicycle

bien well, right; many; good

  bien des (choses) many (things)

  bien sûr of course

bientôt soon

bière *f* beer

bijou *m* jewel

billet *m* bill (*money*); ticket

blanc, blanche white; blank (*paper*)

blasphémer to blaspheme, curse

bleu blue

blond blond

blouse *f* smock

Bobino famous Parisian music hall

Boeing *m* Boeing (*airplane*)

bohème bohemian

boire to drink

bois *m* wood

bois (boire) : je bois I drink

boisson *f* drink

boit (boire) : on boit one drinks

boîte *f* can; box; case; outfit (*fam*)

boivent (boire) : ils boivent they drink

bol *m* bowl

bon good

  bon marché inexpensive

bonbon *m* candy

bonheur *m* happiness

bonjour *m* hello

bord *m* edge; bank, shore

  au bord de la mer at the seashore

  au bord de la rivière to the riverbank

bouche *f* mouth

  de bouche à oreille by word of mouth

bouillabaisse *f* fish soup

boulanger *m* baker

boulot *m fam* job

bourgeois middle-class

bourse *f* scholarship, financial aid

bout *m* end

  au bout des doigts at one's fingertips

bouteille *f* bottle

bouton *m* button

bras *m* arm

brebis *f pl* sheep

bref in short

Bretagne *f* Britany

breton *m* a native of Britany

brillant brilliant

briser to break

Britannique *m* Englishman

bronzé tanned

brossé (*pp of* **brosser**) **: nous nous sommes brossé les dents** we brushed our teeth

brouillé (*pp of* **brouiller**) confused, muddled

bruit *m* noise

brusquement brusquely

bruyant noisy

bu (*pp of* **boire**) **: il a tout bu** he drank it all

  il a trop bu he's had too much to drink

budget *m* budget

bureau *m* office

  bureau de poste *m* post office

  bureau de tabac *m* tobacco shop

bureaux (*pl of* **bureau**)

buvant (*pres par of* **boire**) drinking

buveur *m* drinker

buvons (**boire**) : **nous buvons** we drink

C

ça (*contraction of* **cela**) that, this

cacher to hide

  se cacher to hide oneself

caddy *m* shopping cart

cadeau *m* gift

cadre *m* frame; executive

café *m* coffee; café

  café au lait French breakfast drink: half coffee, half warm milk

caisse *f* cash box, cash register

caissière *f* cashier

calcaire *m* limestone

calculer to calculate

calendrier *m* calendar

Californie *f* California

calmant *m* tranquilizer

calme calm, quiet

calmer to calm

camarade *mf* comrade, schoolmate, fellow

camion *m* truck

camp *m* camp; side (*team*)

campagne *f* country

campeur *m* camper

camping *m* camping

Canada *m* Canada

canadien Canadian

canard *m* duck

candidat *m* candidate

caoutchouc *m* rubber

capital *m* capital, assets

capitalisme *m* capitalism

caprice *m* whim

car because

caractériser to characterize

carotte *f* carrot

carte *f* map

carte d'identité *f* identification card

carte postale *f* postcard

cas *m* case

  en tous cas at any rate

casser to break

casserole *f* saucepan

catastrophe *f* catastrophe, disaster

catholique Catholic

cauchemar *m* nightmare

cause *f* cause

  à cause de because of

causer to cause

caviar *m* caviar

ce this, that; he, she, it

ce (**cet**), **cette** this, that

  ces these, those

ceci this

céder to cede, hand over

ceinture *f* belt

cela that

  cela ne se fait pas that just isn't done

célèbre famous

célébrer to celebrate

célibataire *m* bachelor

celle (**s**) *see* **celui**

celui, celle the one, that

  celui-ci he, the latter

  ceux, celles they, those, them

censé supposedly:

  il est censé aller he is supposed to go

centaine *f* about a hundred

centime *f* centime (*100 centimes = 1 franc*)

centre *m* center

cependant however

cérémonie *f* ceremony, pomp

certain certain, sure; a certain . . .

certainement certainly

certes of course

ces *see* **ce**

cesser to cease, stop

c'est it is

  c'est-à-dire that is to say, in other words

  c'est toujours moi qui... I'm always the one who . . .

cet, cette *see* **ce**

ceux *see* **celui**

chacun each (one)

  Que chacun juge pour soi. Let everyone decide for himself.

chaîne *f* chain

chaise *f* chair

chaleureux, -euse warm

chambre *f* room

champ *m* field

champagne *m* champagne

champignon *m* mushroom

championnat *m* championship

chance *f* luck, fortune; chance

  avoir de la chance to be lucky

changement *m* change

changer to change

chanteur, -euse *mf* singer

chapeau *m* hat

chapitre *m* chapter

chaque each

se charger to be entrusted with

charmant charming

charme *m* charm

charnel carnal

chaud hot, warm

chauffage *m* heating

chauffer to heat

  faire chauffer to heat

chauffeur *m* chauffeur; driver

chef *m* head, superior

chef-d'œuvre *m* masterpiece

chemin *m* road, route

chemin de fer *m* railroad

chemise *f* shirt

chêne *m* oak tree

cher, chère dear; expensive

chercher to look for, search for

chercher à to attempt

cheveux *mpl* hair

chez at the house of; at

  chez eux at their home

  chez moi at home; at my house; to my house

  chez nous at our house

chic chic, stylish

chien *m* dog

chiffre *m* figure

chignon *m* bun (hair)

chimique chemical

chimiste *mf* chemist

chimpanzé *m* chimpanzee

choisi (*pp of* choisir) : il a
choisi he chose

choisir to choose

choisissent (choisir) : ils
choisissent they choose

choisissez (choisir) : vous
choisissez you choose

choisissons (choisir) : nous
choisissons we choose

choisit (choisir) : il choisit he
chooses

choix *m* choice

choix multiple *m* multiple
choice

chômage *m* unemployment

chose *f* thing

chrome *m* chrome

chute *f* fall, drop

-ci : cette fois-ci this time
celle-ci this one

ciel *m* sky

cimetière *m* cemetery

cinéaste *m* film maker

cinéma *m* movies

cinquante fifty

cinquième fifth

circonstances *fpl* circumstances

circulation *f* traffic

circuler to circulate; to flow

citadin,-e *mf* resident

cité (*pp of* citer) mentioned

citoyen *m* citizen

civilisation *f* civilization

clair clear, obvious; light

clairement clearly

classe *f* class; social class

classique classical

clef *f* key

fermer à clef to lock

client *m* client, customer

clientèle *f* clientele

cloche *f* bell

club *m* club

code légal legal code

cœur *m* heart

par cœur by heart

coffre-fort *m* safe

collectif, -ive collective

colline *f* hill

cologne *f* cologne

colosse *m* colossus, strongman

combat *m* combat, battle

combattre to fight; to oppose

combien (de) how much; how
many

comédien, -ienne *mf* actor,
actress

commander to command

comme like, as

comme avant as before

comme il faut *fam*
well-behaved

comme si as if

commencement *m* beginning

commencer (à) to begin (to)

comment how

commerçant *m* merchant;
shopkeeper

commerçant commercial

être commerçant to have a
good sense of business

commercial commercial,
business

communauté *f* community

compagnie *f* company

en compagnie de in the
company of

comparaison *f* comparison

comparer to compare

compartiment *m* compartment
(*train*)

compétiteur *m* competitor
(*sport*)

compétition *f* competition

complet complete

complètement completely

compléter to complete

complexe *m* complex

compliment *m* compliment

compliqué (*pp of* compliquer)
complicated

comportement *m* conduct,
behavior

se composer (de) to be
composed of

compréhensible comprehensible

compréhension *f* understanding

comprenaient (comprendre) : ils

ne comprenaient pas they
didn't understand

comprend (comprendre) : il
comprend he understands

comprendre to understand

comprends (comprendre) : je
comprends I understand

compris (*pp of* comprendre) : ils
ont compris they
understood

compris included

y compris including

compte *m* account, record

faire les comptes to do the
books

compter to count, count up

comptez (compter) : vous
comptez (sur) you are
counting on

concerne : en ce qui
concerne concerning, as
concerns

concerner to concern, regard

concert *m* concert

concevoir to conceive of, to
imagine

concourrent *m* competitor

concours *m* competition,
contest

concurrence *f* competition,
rivalry

concurrent *m* competitor

condition *f* condition, state

conducteur *m* driver

conduire to drive

conduisant (*pres par of*
conduire) driving

conduisez (conduire) : vous
conduisez you drive

conduit (*pp of* conduire) : il m'a
conduit he drove me

confiance *f* confidence

confirmer to confirm

confiture *f* jam

confort *m* comfort

confortable comfortable

connais (connaître) : je
connais I know

connaissaient (connaître) : ils
connaissaient they knew

connaissais (connaître) : je
connaissais I knew
connaissance *f* knowledge
connaissent (connaître) : ils
connaissent they know
connaisseur *m* knowledgeable
person, connoisseur
connaissons (connaître) : nous
connaissons we know
connaît (connaître) : il
connaît he knows
connaître to know
connu (*pp of* connaître)
known; well-known
conquérir to conquer, to win
over
consacrer to devote, to dedicate
consciencieux conscientious
conseil *m* advice; council
conseiller to advise
conséquence *f* result
conserver to conserve
considérable considerable
considérer to consider
consommation *f* consumption
constituer to constitute
constructeur *m* builder
construire to construct, build
consulter to consult
contact *m* contact, relation
contacter to contact
content happy, content,
satisfied
contiennent (contenir) : ils
contiennent they contain
contient (contenir) : il ne
contient pas it doesn't
contain
continent *m* continent
continuer to continue
contraire *m* contrary, opposite
au contraire on the contrary
contraste *m* contrast
contravention *f* ticket, citation
contre against
contrefaçon *f* conterfeit
contribué (*pp of* contribuer)
contributed
controversé controversial
convaincre to convince

convenable appropriate, suitable
conventionnel conventional
convient (convenir) : qui
convient which fits, is
suitable
copain *m* pal, buddy
copie *f* copy; exam paper
copier to copy
corps *m* body
correcteur *m* corrector
correspondre to correspond
corriger to correct
corrigez (*imp of*
corriger*) correct
corvée *f* chore, drudgery
cosmonaute *mf* astronaut
costaud strong
costume *m* costume; suit
côté *m* side; aspect; direction
à côté de beside
coucher to put to bed; to sleep
le coucher du soleil sunset
on couche avec lui (*fam*) you
go to bed with him
se coucher to go to bed
couleur *f* color
coup *m* blow
bon coup de
fourchette hearty appetite
coup de téléphone phone call
au premier coup de
sonnette on the first ring
couper to cut
couple *m* couple
courage *m* courage
courageux courageous
courant (*pres par of*
courir*) running
courir to run
couronne *f* crown
courrier *m* messenger; mail
«Le Courrier du
cœur» advice to the
lovelorn
cours *m* class
au cours de during the
course of
course *f* errand; race; running
court short
courtoisie *f* courtesy

couru (*pp of* courir) : ils ont
couru they ran
cousin *m* cousin
coûté (*pp of* coûter) cost
couteau knife
coûter to cost
coûterait (*cond of* coûter) : il
coûterait trop cher it
would be too expensive
coutume *f* custom, habit
cracheur de feu *m* fireeater
cravate *f* necktie
crédit *m* credit
à crédit on credit
créer to create
crème *f* cream
creusé (*pp of* creuser) dug out
cri *m* cry
cricket *m* cricket (*game*)
crime *m* crime
criminel *m* criminal
crise *f* crisis
croient (croire) : d'autres
croient other believe
croire to believe
crois (croire) : je crois I believe
croiser to cross
Croisette *f* promenade by
the sea in Cannes
croit (croire) : il croit he
believes
croix *f* cross
crottes *fpl* droppings, excrement
croyais (croire) : je croyais I
believed
croyait (croire) : il croyait he
believed
croyance *f* belief
croyez (croire) : croyez-vous?
do you believe?
croyons (croire) : nous
croyons we believe
cruellement cruelly
cuillère *f* spoon
cuisine *f* cooking; kitchen
cuisinier *m* cook
cuisson *f* cooking; baking
cuit (*pp of* cuire) cooked
cure d'eaux thermales *f* water
treatment

curieux strange
cyclisme *m* cycling

D

dame *f* lady
danger *m* danger
dangereux dangerous
dans in; into
danser to dance
date *f* date
dater de to date from
davantage more; longer
de of; from; by
débarras *m* riddance; junk room
 bon débarras good riddance
débarraser to clear
 se débarrasser de to get rid of
débat *m* debate
débouchera (*fut of* déboucher) :
 il débouchera it will emerge
debout upright, standing
se débrouillera (*fut of* se
 débrouiller) il se
 débrouillera he will manage
début *m* beginning, start
débuter to begin, start out
décembre *m* December
décent decent
décevant (*pres par of*
 decevoir) disappointing
décidément certainly, indeed
décider to decide
décision *f* decision
déclancher to unleash
declarer to declare
déclic *m* click
décor *m* decoration
découragement
 m discouragement
décourager to discourage
découvert (*pp of* découvrir) : il
 a découvert he discovered
 qui n'a pas encore été
 décourvert which has not
 yet been discovered
découverte *f* discovery
découvrent (découvrir) : ils
 découvrent they discover
découvrir to discover

décrire to describe
décrivez (décrire) : vous
 décrivez you describe
dedans inside
déduction *f* deduction
défaire to undo
défavorisé at a disadvantage
définition *f* definition
dégustation *f* tasting; sampling
dehors outside
déjà already
déjeuner to eat lunch
 petit déjeuner *m* breakfast
délicieux delicious
demain tomorrow
demande *f* request, application
demander to request, ask, ask
 for
se demander to wonder
demeurer to live; to reside; to
 remain
demi *m* half
démontrer to demonstrate
dénonçant (*pres par of*
 dénoncer) denouncing
dent *f* tooth
dentiste *mf* dentist
départ *m* departure
dépêcher to hurry
 se dépêcher to hurry up
dépend (dépendre) : cela
 dépend that depends
dépendant dependent
dépendre de to depend on, be
 dependent on
dépenser to spend
se dépenser to exert oneself
dépeuplé (*pp of*
 dépeupler) emptied
dépit *m* spite, resentment,
 vexation
 en dépit de in spite of
déplacement *m* displacement
déplorable deplorable, wretched
déplorer to deplore
déposer to depose
dépression *f* depression
déprime *f* depression
déprimé (*pp of*
 déprimer) depressed

depuis since
 attend depuis plus
 long-temps has been
 waiting longer
 depuis quelque
 temps recently, in the last
 few days (years, etc.)
déranger to disturb
dernier, dernière last, latest
dernierèment recently
derrière behind
dès since, starting from
désagréable disagreeable
désavantage *m* disadvantage
descendras (*fut of* descendre) :
 tu descendras you will
 descend
descendre to descend, go down,
 get out (*of a car, train, etc.*)
descends (descendre) : tu
 descends you descend
désert deserted
désert *m* desert
désir *m* desire
désirer to desire
désolé : je suis désolé I'm very
 sorry
dessert *m* dessert
dessin *m* drawing, sketch
dessus on, upon
destructif destructive
se détacher to become unstuck;
 to get loose
détail *m* detail
détester to detest
détruit (*pp of*
 détruire) destroyed
deux two
deuxième second
deuxièmement secondly
devaient (devoir) : (ils) devaient
 aller they were supposed to
 go
devait (devoir) : on devait les
 protéger they had to be
 protected
devant before, in front of
développé (*pp of*
 développer) developed
se développer to develop, grow

devenir   to become
devenu (*pp of* **devenir**) : **il est devenu**   it has become
devez (**devoir**) : **vous ne devez pas**   you must not
  vous devez nager comme un poisson   you must swim like a fish
deviendra (*fut of* **devenir**) : **qui deviendra**   who will become
deviendraient (*cond of* **devenir**)   (they) would become
devient (**devenir**) : **il devient**   he (it) becomes
devoir *m*   duty; exercise; homework
devoir   to have to
devra (*fut of* **devoir**) : **il devra**   he will have to
devrait (*cond of* **devoir**) : **il devrait**   he should
dictionnaire *m*   dictionary
Dieu   God
dieu *m* (a)   god
différence *f*   difference
différent   different
difficile   difficult
  difficile à vivre   difficult to live with
difficilement   with difficulty
difficulté *f*   difficulty
  en difficulté   in trouble
dimanche *m*   Sunday
diminuer   to diminish, decrease
dîner   to diner, have dinner
dîner *m*   dinner
dingue *fam*   crazy
dirai (*fut of* **dire**): **je lui dirai**   I'll say to her
dire   to say, tell
  c'est-à-dire   in other words
directement   directly, straight
directeur, directrice *mf*   director
dirigé (*pp of* **diriger**)   directed
dirigeait (**diriger**)   he directed
diront (*fut of* **dire**) : **ils diront**   they will say
disais (**dire**) : **je me disais**   I said to myself
disait (**dire**) : **il disait**   he said

disant (*pres par of* **dire**) : **en disant**   while saying
discuter   to discuss
disent (**dire**) : **ils disent**   they say
disparaître   to disappear
disparu (*pp of* **disparaître**)   disappeared
disponible   available
dispute *f*   dispute, argument
disque *m*   record
dissertation *f*   essay, composition
dissimuler   to conceal, hide
distingué   distinguished
distraction *f*   amusement; recreation
se distraire   to amuse oneself
distribuer   to distribute
dit (**dire**) : **on dit**   they say, one says
  il lui dit   he tells him
dit (*pp of* **dire**) : **il m'a dit**   he said to me
dites (**dire**) : **vous dites**   you say
divers   diverse, various
divertissement *m*   diversion
diviser   to divide, divide up
divorce *m*   divorce
dix   ten
dix-huit   eighteen
dix-neuf   nineteen
dix-sept   seventeen
doigt *m*   finger
dois (**devoir**) : **je dois**   I must
  Dois-je ?   Should I?
doit (**devoir**) : **il doit**   he must, it must
doivent (**devoir**) : **ils doivent**   they must
dollar *m*   dollar
domaine *m*   domain; field
donc   therefore
donner   to give
  donner l'exemple   to set the example
  donner le jour   (to help to) give birth
dont   of which, whose
dormant (*pres par of* **dormir**) : **en dormant**   while sleeping
dormir   too sleep

dort (**dormir**) : **il dort**   he sleeps
dos *m*   back
dossier *m* (*official*)   file
dot *m*   dowry
doublé   dubbed
doué   talented
doute *m*   doubt
  sans doute   no doubt, probably
douter   to doubt
douteux, -euse   doubtful
doux, douce   sweet; soft; gentle
douze   twelve
Dr (*abbr of* **Docteur**)   Doctor
drame *m*   drama
drapeau *m*   flag
dressé (*pp of* **dresser**)   trained
se dresser   to rise
se droguer   to take drugs
droit   right; straight
droit *m*   right; law
droite : à droite   to the right
drôle   funny
dû (*pp of* **devoir**) : **j'ai dû**   I was obliged to
  j'aurais dû   I should have
durée *f*   life
durer   to last
dynastie *f*   dynasty

E

eau *f*   water
  eau gazeuse   carbonated water
  eau minérale   mineral water
échafaudage *m*   scaffolding
écart *m*   stepping aside
  à l'écart   far
échapper   to escape
échec *m*   failure
échecs *m pl*   chess
échelon *m*   grade; step
échouer   to fail
éclat *m*   burst; prestige
école *f*   school
économe   thrifty
économie *f*   economy
  faire des économies   to save money
économique   economical
écouter   to listen to

écraser   to put out; to crush

écrire   to write

écris (écrire) : j'écris   I write

écrit : par écrit   in writing

écrit (écrire) : il écrit   he is writing

écrit (*pp of* écrire) : il a écrit   he wrote

écrivain *m*   writer

écrivent (écrire) : elles écrivent des lettres   they write letters

édifice *m*   buiding

éducation *f*   education

effectuer   to achieve; to carry out

efféminé   effeminate

effet *m*   effect; result

en effet   really, in fact

efficace   effective

effort *m*   effort

effrayé   frightened

égal *m*   equal

également   equally; also

égarer   to lose (one's way)

église *f*   church

Eh non !   Oh, no!

élégance *f*   elegance

élégant   elegant, stylish

éléphant *m*   elephant

élève *mf*   student

élevé (*pp of* élever)   raised, erected

bien élevé   well brought up

éliminer   to eliminate

elle   she, her

elle-même   herself

éloignement *m*   distance

s'éloignera (*fut of* s'éloigner) : il s'éloignera   it will go away

l'Elysée   the presidential palace

embrasser   to kiss

émotion *f*   emotion; excitement

émouvoir   to affect; to move

empêcher   to stop, prevent

employé *m*   employee

employer   to employ; to use

empoisonnement *m*   poisoning

emprunter   to borrow

ému   moved emotionally

en   in; of; some

en fait   in fact

en tant que   as

encore   still; yet; again; also

encourageant (*pres par of* encourager)   encouraging

encouragement *m*   encouragement

encourager   to encourage

endormi   sleeping

endormir   to put to sleep

s'endormir   to fall sleep

endroit *m*   place, spot

enfance *f*   childhood

enfant *mf*   child

enfer *m*   hell

enfin   finally

engager   to engage; to hire

ennemi *m*   enemy, foe

ennui *m*   difficulty, trouble

s'ennuyer   to be bored

énorme   enormous

enquête *f*   investigation

enrichir   to enrich

enseigne (enseigner) : qui enseigne   who teaches

ensemble   together

ensemble *m*   mass; whole; housing development

dans l'ensemble   on the whole

ensuite   afterwards, then

entendre   to hear

entendre parler de   to hear of

s'entendre   to be heard; to agree

entente *f*   understanding

enterrement *m*   burial

entêtement *m*   stubbornness

enthousiasme *m*   enthusiasm

s'enthousiasmer   to become enthusiastic

entièrement   entirely

entouré (*pp of* entourer)   surrounded

entraînement *m*   training, practice (*sport*)

entraîneur *m*   trainer

entre   between

entrée *f*   entry; admission; entrance

entrent (entrer) : ils entrent   they enter

entreprise *f*   enterprise, company

entrer   to enter

entretien *m*   upkeep; interview

envahir   to invade

envahisseur *m*   invader

enveloppe *f*   envelope

envers   toward

envie *f*   wish, desire

avoir envie   to want

environ   about, approximately

envoie (envoyer) : il envoie   he sends

envoient (envoyer) : ils l'envoient   they send him

ils vous envoient promener   they dismiss you rudely

envoyé (*pp of* envoyer)   sent

envoyer   to send

envoyez (*imp of* envoyer)   send

épanouissement *m*   opening

épaule *f*   shoulder

épicé   spicy

épicerie *f*   grocery store

épicier *m*   grocer

époque *f*   epoch, age; period

à l'époque   at the time

à l'époque des vacances   at vacation time

épreuve: épreuve sportive *f*   game, match

épuisant   exhausting

équilibre *m*   balance, equilibrium

équipe *f*   team

équipé   equipped

équiper   to equip

équivalent *m*   equivalent

erreur *f*   error, mistake

es (être) : tu es   you are

escalier *m*   stairs

escalier roulant *m*   escalator

escargot *m*   snail

espace *m*   space

Espagne *f*   Spain

espagnol   Spanish

espèce *f*   species; sort

espérance *f*   hope

espère (espérer) : on espère   it is hoped

espérer   to hope

espoir *m*   hope

essaie (essayer) : j'essaie   I try

essayait (essayer) : chacun essayait   each one tried

essayé (*pp of* essayer) : il a
essayé he tried

essayez (essayer) : vous
essayez you try

essence *f* gasoline

essentiel essential

essentiel *m* essence

est *m* east

est (être) : c'est it is
est-ce... ? is it . . . ?
est-on... ? is one . . . ?

estimer to estimate; to think, to
believe

et and

étage *m* floor (of a building)

étaient (être) : ils n'étaient
pas they weren't

étais (être) : j'étais I was

était (être) : il était he was, it
was

étant (*pres par of* être) being

état *m* state

l'État *m* the government

États-Unis *mpl* United States

été *m* summer

été (*pp of* être) : il a été he
was, it was

éternel eternal

êtes (être) : vous êtes you are

ethnies *fpl* ethnicities

étions (être) : nous étions we
were

étonnant astonishing, amazing

étonné (*pp of* étonner)
astonished

étouffant suffocating

étrange strange

étranger foreign

être *m* being

être to be
être à to belong to
être proche to resemble
closely

étroit narrow, small

étude *f* study; research
a fait 10 ans d'études studied
for 10 years

étudiant, étudiante *mf* student

étudié (*pp of* étudier) : il avait
étudié he had studied

étudier to study

eu (*pp of* avoir) : il a eu he
had, it had

j'ai eu peur I was scared

Europe *f* Europe

Européen *m* (a) European

eux them, they
à eux of their own

eux-mêmes themselves

évaluation *f* estimate

évaluer to evaluate

évidemment obviously, of
course

évident evident, clear, plain

éviter to avoid

évolution *f* evolution

évoquant (*pres par of*
évoquer) evoking

exactemment exactly

exagérer to exaggerate

examen *m* examination, test

examiner to examine

excepté except

exceptionnel exceptional,
unusual

exclusivement exclusively

excursion *f* excursion, trip,
outing

s'execuser to apologize

exécuter to execute; to carry
out

exemple *m* example
par exemple for example

exercer to exercise; to exert; to
practice
s'exercer to exercise; to keep
in shape; to practice

exercice *m* exercise

exhibition *f* exhibition
donner une exhibition
de... to show off . . .

exigé (*pp of* exiger) required

exigera (*fut of* exiger) : il
exigera it will require

s'exiler to go into exile

exister to exist; to be; to live

exotique exotic

expansion *f* expansion,
enlargement

expérience *f* experience;
experiment

expérimental exprimental

expert skilled

expert *m* expert

explication *f* explanation

expliquer to explain

exposé (*pp of* exposer) exhibited

exposition f exhibition

extérieur *m* outside

extraordinaire extraordinary

extrêmement extremely

F

fabrication *f* manufacture;
production

fabriquant *m* manufacturer

fabrique *f* works, factory

fabriquer to produce,
manufacture

façade facade, exterior

face *f* face
en face de face to face with
faire face à to face up to,
cope with

facile easy

facilement easily

façon *f* manner, way, mode
sans façon simply, without
pretention

fac-similé *m* copy

faible weak, feeble

faille *f* crack, fault

faim *f* hunger
avoir faim to be hungry

faire to do; to make

faire baptiser to have
baptized

faire connaître to make
known

faire des économies to save
money

faire du camping to go
camping

faire du sport to take part in
sports

faire face à to cope with

faire la cour to court

faire la queue to stand in line

faire la toilette to wash up;
to dress

faire les comptes to do the
books

faire partie de   to belong to, be a part of
faire sauter   to toss in the air
faire semblant   to pretend
se faire voir   to make oneself noticed
pour quoi faire?   what for?
faisait (faire) : il faisait beau   it was beautiful weather
fait : en fait   in fact
fait (faire) : il fait   he does, he makes
cela ne se fait pas   that just isn't done
il fait froid (gris, humide)   it's cold (grey, wet) out
fait (*pp of* faire) : elle a fait   she did, she made
faites (faire) : vous faites   you do, you make
fallait (falloir) : il fallait   it was necessary
falloir   to be necessary
familier   familiar
familièrement   familiarly
famille *f*   family
farine *f*   flour
fasse (*subj of* faire) : il faut qu'il fasse...   he's got to make . . .
fatigant   tiring
fatigue *f*   fatigue
fatiguer   to tire
faudra (*fut of* falloir) : il faudra   it will be necessary
faudrait (*cond of* falloir) : il faudrait peut-être que je...   perhaps I ought to . . .
fausse (*f of* faux)   false
faut (falloir) : il faut   it is necessary, one must
faute *f*   mistake
faux   false
faveur *f*   favor
favorisé   privileged
favoriser   to favor, give special advantage to
féminin   feminine
femme *f*   woman; wife
fendre   to split

c'est à vous fendre le cœur   it's heartbreaking
fenêtre *f*   window
fer *m*   iron
fera (*fut of* faire) : il fera   he will make
ferais (*cond of* faire) : je ferais   I would do
ferait (*cond of* faire) : ne ferait-on pas mieux ?   wouldn't it be better?
ferme *f*   farm
fermé (*pp of* fermer)   closed
fermer   to close
fermer à clef   to lock
fermier *m*   farmer
feront (*fut of* faire) : ils feront   they will make
festin *m*   feast
festival *m*   festival
fête *f*   feast; holiday
fêter   to celebrate
feu *m*   fire
feuille *f*   sheet of paper
février *m*   February
fidèle   faithful
fier, fière   proud
fierté *f*   pride
figurait (figurer)   was featured
file *f*   file; line
en file   in line
fille *f*   girl; daughter
jeune fille *f*   girl
filles de joie *f pl*   prostitutes
film *m*   film
filmer   to film
fils *m*   son
fin *f*   end
finalement   finally; after all
financier   financial
financièrement   financially
fini (*pp of* finir)   finished
finir   to finish
finit (finir) : il finit   he finishes
fisc *m*   tax collector
flatter   to flatter
fleur *f*   flower
flexibilité *f*   flexibility

flirter   to flirt
fluide   fluid, flowing
foi *f*   faith
ma foi   indeed
fois *f*   time; occasion
à la fois   at the same time
encore une fois   once more
folklore *m*   (here) folk tale, myth
fonction *f* **: en fonction de**   as a function of, in relation to
fonctionnaire *m*   government employee
fonctionner   to function, work
fond *m*   back, bottom
au fond   at the back
fondateur *m*   founder
fondation *f*   founding
fondé (*pp of* fonder)   founded
font (faire) : ils font   they make, they do
football *m*   football (soccer)
force *f*   force; strength
forcément   necessarily
forcer   to force
formalité *f*   formality
formant (*pres par of* former)   forming
formation *f*   formation; training
forme *f*   shape
pour la forme   just for appearances
former   to form
fort   strong
le plus fort   the strongest
fortune *f*   fortune
fortuné   wealthy
fou *m*   madman
foule *f*   crowd
four *m*   oven
fourchette *f*   fork
foyer *m*   home; hearth
fonder un foyer   to make a home
fraction *f*   fraction
frais *m*   expense, expenses
à leurs propres frais   at their own expense
frais, fraîche   fresh
français, -aise   French
Français *m*   Frenchman

frappé struck, struck down
frapper to hit, to knock
frère *m* brother
friction *f* friction
frileux susceptible to cold;
    lacking sense of adventure
froid cold
fromage *m* cheese
fruit *m* fruit
fumée *f* smoke
fumer to smoke
fureur *f* fury, rage
furieux, -euse mad, furious
furtivement stealthily, furtively
futur *m* future

G

gâcher to spoil
gagner to gain; to win; to earn
galant gallant, gentlemanly
galanterie *f* gallantry,
    gentlemanly behavior
gallon *m* gallon
garage *m* garage
garçon *m* boy; waiter
gardé (*pp of* garder) guarded
garder to keep; to remain; to
    take care of
gardien *m* guardian; attendant
gare *f* station
gars *m fam* guy
gauche left; awkward
    à gauche to the left
gaz *m* gas
gazeux, -euse gaseous
    eau gazeuse carbonated water
général general
    en général generally
général *m* general
généralement generally
génération *f* generation
généreux generous
génial great, fantastic
génie *m* genius
genou *m* knee
genre *m* kind, type
gens *mpl* people, folk
gentil nice; kind
gentiment graciously
gérant *m* manager

geste *m* gesture
gigot *m* leg of lamb
goût *m* taste
goûter to taste
goûteur, -euse *mf* taster
gouvernement *m* government
grâce *f* favor; pardon
    grâce à thanks to
grade *m* rank, grade
grammaire *f* grammar
gramme *m* gram
grand tall; large, big; great
Grande-Bretagne *f* Great
    Britain
grande surface *f* : magasin à
    grande surface supermarket
grand-mère *f* grandmother
grands-parents
    mpl grandparents
gratuitement free
grave grave, serious
gravé engraved
gravir to climb
grec, grecque Greek
grimper to climb
gris gray
groin *m* snout
gros, grosse big, large
    en gros roughly speaking
grossesse *f* pregnancy
groupe *m* group
guérir to heal
guerre *f* war
    Deuxième Guerre Mondiale
    f World War II
    Guerre Franco-Prussiene
    f Franco-Prussian War
guerrier *m* warrior
guide *m* guidebook
gymnastique gymnastic
gymnastique *f* gymnastics

H

h (*abbr of* heures) : 11 h 30
    11:30 AM; 15 h 00 3:00 PM
habillé (*pp of* habiller) dressed
habiller to dress, clothe
    s'habiller to get dressed
habitant *m* inhabitant, resident

habitation *f* home, dwelling
habiter to live in, inhabit
habitude *f* habit, custom
    d'habitude usually, ordinarily
    j'ai l'habitude I'm used to it
les Halles *fpl* former
    marketplace in Paris
haut tall; high
    de haut in height
les Hautes Etudes a branch of
    the Sorbonne
hebdomadaire *m* weekly
    newspaper or magazine
helas alas
hélicoptère *m* helicopter
héritage *m* heritage
hériter to inherit
hésitation *f* hesitation
hésiter to hesitate
heure *f* hour
    à l'heure on time
    140 à l'heure 140 (km) an
    hour
    de bonne heure early
    sept heures seven o'clock
heureux, -euse happy
hier yesterday
    hier soir last night, last
    evening
histoire *f* story; history
historique historical
hiver *m* winter
H.L.M. *f* (*abbrev of* Habitation à
    loyer modéré) government
        subsidized housing
hockey *m* hockey
Hollande *f* Holland
homme *m* man
honnête honest
honneur *m* honor
honorablement honorably
hôpital *m* hospital
horaire *m* schedule, timetable
horreur *f* horror, loathing
hors de out of
hors-d'œuvre *m* hors d'œuvre,
    appetizer
hospitalité *f* hospitality
hostile opposed
hostilité *f* hostility
hôtel *m* hotel

huit eight
humain human
humiliant humiliating
humeur f mood
humour m humor
hyène f hyena
hymne m hymn
hypocritement hypocritically

I

ici here
idéal m ideal(s)
idée f idea
identité f identity
idiot m idiot
idole f idol
il he; it
il n'y a pas d'âge one is never too old
il y a there is, there are; ago
  il y a moins de... less than . . . ago
  il y a neuf cents ans 900 years ago
  il y a plus de... more than . . . ago
  il y a quelques générations several generations ago
  il y aura there will be
  il y avait there was; there were
île f island
illuminer to illuminate
illustrant (pres par of **illustrer**) illustrating
image f image, picture
imaginer to imagine
imbécile m imbecile
imiter to imitate
immédiat immediate
immédiatement immediately, at once
immense immense, huge
imparfait m imperfect (tense)
s'impatienter to lose patience
impénétrable impenetrable
importance f importance
important important, considerable

importer to matter; to be important
  n'importe où anywhere
impôt m tax
impressionner to impress
incident m incident
inciter to induce, urge on
incliner to tilt
incompréhensible incomprehensible
inconfortablement uncomfortably
inconnu unknown
incroyable incredible
indépendance f independence
indépendant independent
indéterminé indeterminate
indiquer to indicate
individu m person, individual
individualiste m individualist
individuel individual
indulgent lenient
industrie f industry
industriel industrial
inévitable inevitable
inextricable inextricable
inférieur à less than
infernal hellish, infernal
influence f influence
influencer to influence
informatique f computer science
informer to infrom
  s'informer to obtain information
ingénieur m engineer
injustice f injustice
inquiet, inquiète worried, anxious
inquiéter to worry
s'inscrire to register
inséparable inseparable
insidieux insidious
insister to insist
inspecter to inspect, search
inspiré (pp of **inspirer**) inspired
instable unstable
installation f installation (costs)
installer to install
  s'installer to set oneself up, establish one's home or business
institut m institute

insuffisant insufficient
intellectuel m intellectual
intelligence f intelligence
interdit (pp of **interdire**) forbidden
intéressant interesting
intéresser to interest
  s'intéresser à to become interested in, take an interest in
intérêt m interest
intérieur m inside
international (pl **internationaux**) international
interprétation f interpretation
interpréter to interpret; to play a role (theater)
interrogé (pp of **interroger**) questioned
interroger to question
interrompre to interrupt
inutile useless
inventer to invent; to make up
inventeur m inventor
invention f invention
inverse; à l'inverse de conversely
investir to invest
investissement m investment
inviter to invite
ira (fut of **aller**) : **l'une ira** one will go
  tout ira mieux all will go better
irai (fut of **aller**) : **j'irai** I will go
irais (cond of **aller**) : **j'irais** I would go
ironique ironic
irrité annoyed
isolé (pp of **isoler**) isolated
Italie f Italy
ivre drunk
ivresse f drunkenness

J

jaloux, -se jealous
jamais ever, never
jambe f leg
jambon m ham

janvier *m* January

Japon *m* Japan

jardin *m* garden

jaune yellow

je (j') I

J.-C. Jesus Christ

Jésuite *m* Jesuit

jeter to throw

jeu *m* game

jeune young

jeune *m* a young person

jeune fille *f* girl

jeûner to fast

jeunesse *f* youth

Jeux Olympiques *mpl* Olympic
Games

joignez (*imp of* joindre) join

joli pretty, good-looking

joue *f* cheek

jouer to play

jouet *m* toy

joueur *m* player

jour *m* day

journal *m* newspaper

journaliste *mf* journalist

journée *f* day

judgement *m* judgment

juillet *m* July

juin *m* June

jupe *m* skirt

jurer to swear

jus *m* juice

jusque until; up to; as far as
jusqu'à up to; as far as
jusqu'à ce que until
jusqu'ici so far, up to now

juste just, exactly

justement actually

justesse : de justesse just barely

se justifier to be justified

K

kilogramme (kilo) (kg)
m kilogram

kilomètre (km) *m* kilometer

L

la (l') her, it

là there

là-bas over there, down there

c'est là que that's where

c'est là une... that's a . . .

lac *m* lake

laideur *f* ugliness

laisser to leave; to let
laissé pour compte neglected,
left aside

lait *m* milk

laitier *m* milkman

lancé (*pp of* lancer) started up,
introduced

langue *f* language

larme *f* tear
en larmes in tears

lavande *f* lavender

se laver to wash oneself

lèche-vitrine *m* window
shopping

lecteur *m* reader

légalement legally

légende *f* legend

léger, -ère light

légèrement lightly

légume *m* vegetable

lendemain *m* next day

lent slow

lentille *f* lentil

lequel, laquelle which

lettre *f* letter
à la lettre to the letter,
literally

leur, leurs their

lever to raise, lift
le lever du soleil sunrise
se lever to get up; to stand up

liaison *f* connection;
communications; liasion

libéral liberal

libération *f* liberation

libérer to free, liberate

liberté *f* liberty, freedom

libre free; unoccupied
libre de free to

licence *f* type of college
diploma

lien *m* tie

lieu *m* place, spot
au lieu de instead of
avoir lieu to take place; to
occur

lieu de séjour vacation spot

lieue *f* old unit of distance equal
to 6 km

limite *f* limit

limiter to limit

lion *m* lion

lire to read

lis (lire) : je lis I read

lisez (lire) : vous lisez you read

lisez (*imp of* lire) read

lisons (lire) : nous le lisons we
read it

lisse smooth

liste *f* list

lit *m* bed

lit (lire) : il lit son journal he
reads his newspaper

litre *m* liter

littérature *m* literature

livraison *f* delivery

livre *m* book
livre de classe textbook

livrer to deliver

local (*pl* locaux) local

locution *f* expression, phrase

loge *f* dressing room

logement *m* housing

logique logical

loin far (away)

loisir *m* leisure, spare time

long, longue long; slow

long métrage *m* feature film

longtemps long, a long time

lors de at the time of

lorsque when

lourd heavy

lu (*pp of* lire) : j'ai lu I have
read

lui to him, of him; to her, of
her; he, him

lumière *f* light

lundi *m* Monday

lutte sourde *f* silent battle

luxe *m* luxury
de luxe deluxe

lyonnais of Lyon

M

m (*abbor of* mètre) meter(s)

machine *f* machine

machine à laver *f*   washing machine
madame *f*   ma'am
Madame *f*   Mrs.
Mademoiselle *f*   Miss
magasin *m*   store
magique   magic
magnifique   magnificient
mai *m*   May
maigrir   to lose weight
main *f*   hand
maintenant   now
maintenir   to maintain
maintiennent (maintenir) : ils maintiennent   they maintain
mais   but
maison *f*   house
majorité *f*   majority
mal   badly
mal *m*   pain; disease; trouble; harm
  au plus mal   very bad
malade   sick
malade *mf*   patient
maladie *f*   illness
malgré   in spite of
malheureux, -euse   unhappy
maman *f*   mama, mom
Manche *f*   English Channel
manger   to eat
manière *f*   manner
manifestation *f*   demonstration
manifester   to show, display
manque *m*   lack
manque (manquer) : il manque un bouton à...   a button is missing from . . .
manquer   to lack, miss
manteau *m*   coat
manuel   manual
manufacturier *m*   manufacturer
marchand *m*   merchant, dealer
marchander   to bargain
marche *f*   walking
marché *m*   shopping; market
marcher   to walk
  ça marche   that works, that's OK
marcheur *m*   walker
mardi *m*   Tuesday
mari *m*   husband

mariage *m*   marriage
marié (*pp of* **marier**)   married
mariée *f*   bride
se marier   to marry
marque *f*   trademark, brand
marqué (*pp of* **marquer**)   marked
mars *m*   March
la Marseillaise *f*   French national anthem
masculin   masculine
masculinité *f*   masculinity
masse *f*   mass, bulk
  comme une masse   (slept) like a log
massif   massive
match *m*   match, game
matériellement   materially, financially
mathématicien *m*   mathematician
mathématique   mathematical
mathématiques *fpl*   mathematics
matin *m*   morning
matinée *f*   morning
  dans la matinée   during the morning
mauvais   bad, ill, evil; wrong
maximum *m*   maximum
me (m')   me, to me; myself
mécanique *f*   machinery
mécanisé   mechanized
médaille *f*   medal
médical   medical
médicament *m*   medicine
médecin *m*   doctor
médecine *f*   medicine (*profession*)
méfiance *f*   distrust
meilleur   better
  le/la (les) meilleur(s)   the best
mélanger   to mix
se mêler   to interfere
membre *m*   member
même   same; even
mémoire *f*   memory
menacer   to threaten
mené (*pp of* **mener**)   led, headed by
mener   to lead
menhir *m*   menhir, a prehistoric stone monument

mentionnent (mentionner) : ils mentionnent   they mention
mer *f*   sea
mère *f*   mother
mérite *m*   merit
mérité (*pp of* **mériter**)   deserved
merveilleux   marvelous
message *m*   message
messieurs *mpl*   gentlemen
measure *f*   measure
met (mettre) : on met   one puts
métal *m* (*pl* **métaux**)   metal
méthode *f*   method, system
métier *m*   trade, profession
mètre *m*   meter (slightly more than a yard)
Métro (*abbrev of* **Métropolitain**) *m*   subway
métronome *m*   metronome
mets (mettre) : je mets   I put
mettait (mettre) : il mettait   he put
mettent (mettre) : ils mettent   they put
metteur en scène *m* (*movie, theatre*)   director
mettez (*imp of* **mettre**)   put
mettrai (*fut of* **mettre**) : **je mettrai la table**   I will set the table
mettre   to put
  mettre le pied   to go
  mettre les choses au point   to clarify
  se mettre (à)   to begin to, start
  se mettre à table   to sit down to eat; to take one's place at the table
  se mettre d'accord   to reach an agreement
meublé   furnished
micro (*abbor of* **microphone**) *m*   microphone
microbe *m*   mircrobe, germ
midi *m*   midday, noon
miel *m*   honey
le mien, la mienne   mine
mieux   better
mignon, mignonne   cute, pretty
milieu *m*   surroundings; middle; milieu

mille   thousand

mille *m*   mille

milliard *m*   billion

millier *m*   about a thousand

million *m*   million

minimum *m*   minimum

minimum vital *m*   basic minimum

ministre *m*   minister

minorité *f*   minority

minuit *m*   midnight

minute *f*   minute

la minute de vérité   the moment of truth

miracle *m*   miracle

mis (*pp of* **mettre**) **: elle a mis**   she put

j'ai mis 2 heures   I took 2 hours

mise à jour (mettre) *f*   updating

mixte   mixed; coed

mixture *f*   mixture

Mlle (*abbor of* **Mademoiselle**) *f*   Miss

Mme (*abbor of* **Madame**) *f*   Mrs.

mode : à la mode   fashionable

modèle *m*   model

modéré (*pp of* **modérer**)   moderated

moderne   modern

moderniser   to modernize

modernité *f*   modernity

modeste   modest

modestie *f*   modesty

mœurs *fpl*   morals, mores

moi   I, me

moi-même   myself

moins   less

au moins   at least

mois *m*   month

moitié *f*   half

moment *m*   moment

à ce moment-là   at that time

au moment de   at the time of; just as you're about to. . .

monde *m*   world; people; crowd

du monde   lots of people

tout le monde   everyone

mondial (*pl* **mondiaux**)   world

monétaire   monetary, financial

monnaie *f*   money; change

monotone   monotonous

monsieur *m*   Mr., Sir, gentleman

mont *m*   mount, mountain

monter   to climb, go up; to get in (*a car, train, etc.*); to install (*tires*)

montera (*fut of* **monter**) **: on montera les voitures**   the cars will be placed

montes (monter) : tu montes   you mount, climb

montrer   to show

monument *m*   monument, memorial; historical building

se moquer de   to make fun of

moral   moral; mental

morceau *m*   piece, morsel

mordu (*fam*)   fascinated

mordu (*pp of* **mordre**) **: il a mordu**   he bit

mort   dead

mort *f*   death

mot *m*   word

moto *f*   motorcycle

moulin *m*   mill

mourir   to die

moustique *m*   mosquito

moyen   average; medium

moyen *m*   means

moyens *mpl*   the means

multiplier   to multiply

musculaire   muscular

musée *m*   museum

musique *f*   music

mystère *m*   mystery

mystérieux   mysterious

mythe *m*   myth

N

nager   to swim

nageur *m*   swimmer

naissance *f*   birth

natation *f*   swimming

nationalité *f*   nationality

nature *f*   nature

naturel   natural, unaffected

naturellement   naturally

naviguent (naviguer) : ils naviguent   they navigate

ne   not

il n'a qu'à demander   he need only ask

ne... jamais   never

ne... ni... ni   neither . . . nor

ne... pas   not

ne... plus   no more, no longer

ne... que   only; nothing but; not until

ne... rien   nothing

n'est-ce pas ?   isn't that so? right?

n'importe où   anywhere

né (*pp of* **naitre**) **: ils est né**   he was born

nécessaire   necessary

nécessité *f*   necessity

nécessitera (*fut of* **nécessiter**)   will require

négligeable   negligible

négliger   to neglect

neige *f*   snow

qu'il neige   whether it is snowing

nerveux, -euse   nervous

net, nette   clear, plain; clean

nettoiement *m*   cleaning

nettoyer   to clean

neuf   nine

neuf, neuve   new

névrosé *m*   (a) neurotic

nez *m*   nose

ni... ni   neither . . . . nor

nièce *f*   niece

nier   to deny

Noël *m*   Christmas

noir   black

nom *m*   name; noun

nombre *m*   number

en grand nombre   in large numbers

un bon nombre de   a good number of

nombreux   numerous

nommer   to name, appoint

non   no

non-déclaré   undeclared

non-marié   unmarried

nord *m*   north

noter   to notice

notion *f*   notion, idea

notre our
les nôtres ours
nourriture *f* food
nouveau, nouvelle new
  de nouveau again
nouvelles *fpl* news
novembre *m* November
nuit *f* night
numéro *m* number; issue (**d'un
  journal, etc.**)

O

objet *m* object, thing
obligatoire obligatory
obligé obliged
obliger to oblige
observer to observe
obstacle *m* obstacle
obstiné obstinate; persistent
obtenir to obtain, to get
occasion *f* opportunity
  à l'occasion de on the
    occasion of
occuper to occupy; to take
  possession of
  s'occuper de to take care of,
    pay attention to
octobre *m* October
odeur *f* odor, smell
oeil *m* (*pl* **les yeux**) eye
  en un clin d'oeil in the blink
    of an eye
œuf *m* egg
  œuf au plat fried egg
  œufs brouillés scrambled eggs
œuvre *f* work
offert (*pp of* **offrir**) offered
office de Tourisme *m* Tourist
  Office
officiel official
offre *f* offer
offrent (**offrir**) : **ils offrent** they
  offer
olympique Olympic
on one, they, somebody
oncle *m* uncle
ont (**avoir**) : **ils ont** they have
  qui ont plus de 64 ans over
    64

onze eleven
opération *f* operation
opérer to operate
or *m* gold
oralement orally
orange *f* orange
orchestre *m* orchestra; band
ordinaire ordinary
ordinateur *m* computer
ordre *m* order
organiser to organize
organisme *m* office, bureau,
  committee
orgueil *m* pride
orientation *f* direction,
  positioning
orienter to direct
origine *f* origin, beginning
orphelin, -e *mf* orphan
os *m* bone
  il y a un os (*fam*) there's a
    hitch
oser to dare
ou or
  ou... ou either . . . or
  ou bien... ou bien either . . .
    or
où where; when; that
oublier to forget
ouest *m* west
oui yes
outre besides
  en outre furthermore
ouvert open
ouvert (*pp of* **ouvrir**) opened
ouverture *f* opening
ouvre (**ouvrir**) : **il ouvre** he
  opens
ouvrez (**ouvrir**) : **vous
  ouvrez** you open
ouvrier *m* worker
ouvrir to open

P

page *f* page
paie *f* wages
  jour de paie *m* payday
paiement *m* payment
pain *m* bread

pâle pale
panique *f* panic
pantalon *m* trousers
papa *m* papa, dad
pape *m* pope
papier *m* paper; document
paquet *m* package
par by; per
  par an per year
  par jour each day
  par personne per person
paragraphe *m* paragraph
parc *m* park
parce que because
parcelle *f* fragment, piece
parchemin *m* parchment
parcourir to travel, to cover a
  distance
parcours *m* distance; route
parcouru (*pp of*
  parcourir) covered
  (*distance*)
pardi *fam* of course
pardon *m* pardon, forgiveness
pareil similar
  un pareil test such a test
parents *mpl* parents; relatives
parasseux lazy
parfaitement perfectly
parfois sometimes
parfum *m* perfume
parfumé (*pp of*
  parfumer) perfumed
se parfumer to perfume oneself,
  wear perfume
parisien, -ienne Parisian
Parisien, -ienne *mf* (a) Parisian
parking *m* parking
parlé (*pp of* **parler**) : **nous en
  avons parlé** we have
  spoken about it
parlement *m* legislative
  assembly
parler to speak
  N'en parlez pas ! Don't even
    mention it!
parole *f* word
pars (**partir**) : **je pars** I leave
part *f* part, portion
part (**partir**) : **il part** he leaves
partager to share

partent (partir) : ils
partent they are leaving

partez (partir) : vous
partez you leave

parti *m* party; side; choice

parti (*pp of* **partir**) : il est
parti he left

participe *m* participle

particulier : en
particulier especially

particulièrement particularly

particuliers *mpl* individuals

partie *f* part
faire partie de to belong, to
be a part of

partir to start; to leave

partout everywhere
un peu partout all over the
place

paru (*pp of* **paraître**) (which)
appeared

pas *m* step
à deux pas nearby
il fait quelques pas he takes a
few steps

pas not
de ne pas not to
ne... pas not
«pas comme les
autres» unlike the rest
pas du tout not at all

passage *m* passage

passager *m* passenger

passé *m* past; past tense

passé (*pp of* **passer**) spent; past

passeport *m* passport

passer to pass; to spend time;
to take; to pass by; to
move
passer à table to be seated
se passer to take place (*an
event*); to give up, do
without

passif passive

passion *f* passion, craze

se passionner pour to be
passionately interested in

pastis *m* pastis (*alcoholic drink*)

Patachou a famous singer

pâte *f* pastry dough

patience *f* patience
la patience faite
homme patience personified

pauvre *m* poor

pavés *m* cobblestones

payant (*pres par of*
payer) paying

payer to pay, pay for

pays *m* country; area
pays natal birthplace
tomates du pays local
tomatoes

paysan *m* farmer

péage *m* toll

péché *m* sin

peine : à peine hardly
en vaut la peine is
worthwhile
faire de la peine à
quelqu'un to hurt
someone's feelings

peint (*pp of* **peindre**) painted

peintre *m* painter

peinture *f* painting

se pencher to consider

pendant during

pénétrer to penetrate, enter

pénible painful

pensait (penser) : il pensait he
thought

pensant (*pres par of*
penser) thinking

pensée *f* thought

penser to think

Pentecôte *f* Pentecost

perd (perdre) : il perd he is
losing

perdre to lose
se perdre to get lost

perdu (*pp of* **perdre**) : lost
d'avoir perdu to have lost
ils ont perdu leur temps they
wasted their time

père *m* father

perfectionner to improve

période *f* period

périphérie *f* outskirts

permet (permettre) : cela vous
permet that permits you
qui permet which enables

permettez (*imp of* **permettre**) :
permettez-moi permit me

permettra (*fut of* **permettre**) : il
permettra it will permit

permettrait (*cond of* **permettre**) :
qui lui permettrait which
would permit him

permettre to allow, permit

permis (*pp of*
permettre) allowed,
permitted

personalisé personalized

personnage *m* personage,
figure; character (*in a play*)

personne *f* person
il n'y a personne there is no
one
personne encore au monde
n'a... so far no one in the
world has . . .

personnel personal

personnel *m* personnel

persuader to persuade, convince

peser to weigh
elle ne pesait plus que... it
only weighed

pessimisme pessimism

pessimiste pessimistic

petit small, little
tout petit tiny

peu *m* little; few
peu à peu little by little
un peu plus a little more

peur *f* fear
avoir peur de to be afraid of

peut (pouvoir) : il peut he can

peut-être perhaps, maybe

peuvent (pouvoir) : ils
peuvent they are able to;
they may

peux (pouvoir) : je ne peux
pas I can not
tu peux you can

phénomène *m* phenomenon

philo *f fam* philosophy

philosophie *f* philosophy

photo *f* photograph

photographe *mf* photographer

photographier to photograph

phrase *f* sentence

physique physical

piano *m* piano

pièce *f* piece; room

  pièce de monnaie coin

pied *m* foot

  à pied on foot

pierre *f* stone

pillule *f* pill

pilotage *m* piloting

pilote *mf* pilot

pimenté spicy

pipe *f* pipe

pique-niquer to picnic

piqûre *f* injection

pire worse; **le/la pire** the worst

piscine *f* swimming pool

pittoresque picturesque

place *f* place, position; space, seat, reservation; village square

  sur place on the spot

placement *m* placement

placer to put

plage *f* beach

se plaindre to complain

se plaint (se plaindre) : il (elle) se plaint he (she) complains

plaisanter to joke

plaisanterie *f* joke

plaisir *m* pleasure

plaît (plaire) : elle ne plaît pas she doesn't please

  s'il vous plaît please

plan *m* plan; map

plastique *f* plastic

plat *m* dish

  plat principal main course

plat flat; nongaseous

plein full

pleuve : qu'il pleuve whether it is raining

plier to fold

plomberie *f* plumbing

pluie *f* rain

plupart : la plupart most

plus most, more

  de plus en plus more and more

  en plus moreover

  le plus... the most . . .

plus de... que de... more . . . than . . .

  plus de place no more room

plusieurs several

plutôt rather

pneu *m* tire

  pneus crevés flat tires

poche *f* pocket

poêle *f* frying pan

poésie *f* poetry

poète *m* poet

poète-chansonnier *m* songwriter of satirical ballads

poids *m* weight

poignée *f* handful

point *m* point; period

  point de vue point of view

poisson *m* fish

politesse *f* politeness, manners

politique political

politique *f* politics

pomme *f* apple

pont *m* bridge

porte *f* door

porte-monnaie *m* change purse

portent (porter) : elles portent they wear

porter to wear; to carry; to lift

portera (fut of porter) : elle portera she will wear

poser to set; to put down

  poser une question to ask a question

positif, -ive positive

posséder to possess

possibilité *f* possibility

pot *m* pot; jar, can

potable drinkable

poulet *m* chicken

pour for; in order

  le pour et le contre the pro and con

  pour ce qui est de... as for . . .

  pour la porter ensuite and then take it

pour que so that, in order that

pourboire *m* tip

pourcentage *m* percentage

pourquoi why

pourra (fut of pouvoir) : on pourra one will be able to

pourrais (pouvoir) : je pourrais I could

pourrait (pouvoir) : elle pourrait she would be able to

pourrez (fut of pouvoir) : vous pourrez you will be able to

pourront (fut of pouvoir) : ils pourront they will be able to

poursuivi (pp of poursuivre) pursued

pourtant yet, however

pousser to grow; to push

pouvaient (pouvoir) : ils pouvaient they were able to; they could

pouvais (pouvoir) : si je pouvais if I could

pouvait (pouvoir) : il pouvait he was able to; he could

pouvez (pouvoir) : pouvez-vous ? can you?, are you able to?

pouviez (pouvoir) : si vous pouviez if you could

pouvoir to be able to

pratique *f* practice, habit

pratique practical

pratiquer to practice; to exercise

  pratique le sport to take part in sports

précéder to precede

précieux, -ieuse precious, valuable

se précipiter to rush

précis precise, exact

prédécesseur *m* predecessor

préférable preferable

préférence *f* preference

préférer to prefer

préférerait (cond of préférer) : il préférerait he would prefer préhistoire f   prehistoric age

premier, -ière   first

prenant (*pres par of* prendre) :
  en prenant   while taking

prend (prendre) : on prend   one
  takes

prendre   to take
  prende une décision   to make
  a decision

prenez (prendre) : vous
  prenez   you are taking

prennent (prendre) : ils
  prennent   they take

prenons (prendre) : nous
  prenons   we take

préoccupation f   preoccupation

préparer   to prepare, arrange; to
  study for
  se préparer   to prepare
  oneself, get ready

près   near
  à peu près   about,
  approximately
  près de   almost, nearly;
  close to

prescrit (*pp of*
  prescrire)   prescribed

présence f   presence

présent   present

présent m   present
  à présent   presently

présentation f   appearance, looks

se présenter   to appear

préserver   to preserve

président m   president

presque   almost

presse f   press

prêt   ready

prêter   to lend

prêtre m   priest

preuve f   proof

prince m   prince

principe m   principle
  en principe   as a rule

printemps m   springtime

pris (*pp of* prendre) : il a
  pris   he took

prise f   capture, seizure

prison f   prison

privé   private

privilégié   privileged

prix m   price

probablement   probably

problème m   problem

prochain   next

producteur m   producer

professeur m   teacher

professionnel   professional

profil m   profile

profiter   to profit

profond   deep; vast

programme m   program

progrès m   progress,
  advancement

progresser   to progress

progression f   increase,
  improvement

progressivement   progressively

projectile m   projectile

promenade f   walk
  faire une promenade   to take
  a walk

promener   to take for a walk
  se promener   to take a walk

proposé (*pp of* proposer) : il
  a été proposé   it was
  proposed

proposer   to propose, offer

propre   clean; neat; (one's) own
  leur propre...   their own . . .

protéger   to protect

protester   to protest

prouver   to prove

prudent   prudent, careful

psychologique   psychological

pu (*pp of* pouvoir) : j'ai pu   I
  was able to

public, -ique   public

public m   public; audience

publicité f   advertising

publié (*pp of* publier)   published

publier   to publish

publiquement   publicly

puis   then, next
  et puis   then, too

puisque   since, inasmuch as

puissant   powerful; wealthy

puits m   well

puni (*pp of* punir)   punished

pur   pure

Q

qualifié   qualified

qualité f   quality

quand   when
  quand même   anyhow,
  anyway, nevertheless

quant à   concerning

quarante   forty

quart m   quarter
  un quart d'heure   a quarter of
  an hour

quartier m   quarter, district,
  neighborhood

quatorze   fourteen

quatre   four

quatre-vingt   eighty

quatrième   fourth

que   that; than; how; as; what
  qu'est-ce que   what

Québec m   Quebec

Québecois m   person from
  Quebec

quel, quelle   what, which
  Quel(le)... !   What a . . . .

quelque   some; any
  quelque chose   something
  quelque part   somewhere
  quelques...   a few . . .
  quelques-uns   some people
  quelqu'un   someone,
  somebody; anyone, anybody

quelquefois   sometimes

question f   question
  il était question de   it was a
  matter of

questionnaire m   questionnaire

questionner   to question

quête f   church collection
  en quête de   in search of

queue f   line; tail
  faire la queue   to stand in line

qui   who; whom; that; which

quincaillier m   hardware store

quinze   fifteen

quitte à   even if it means

quitter   to leave
  Ne quittez pas.   One moment,
  please. (*telephone*)

quoi   what

de quoi... enough (*money*) to ...

quoi de plus naturel ? what could be more natural?

quotidien, -ienne daily

R

race *f* race

raconter to tell, relate

radial (*mpl* **radiaux**) radial

radio *f* radio

raison *f* reason, ground

    avec raison correctly, justly

    avoir raison to be right

raisonnable reasonable

ramasser to pick up, gather

rang *m* row, line

ranger to tidy up; to arrange

rapide rapid, fast, swift

rapidement quickly

rappeler to recall; to remind

rappelez-vous (*imp of* **se rappler**) remember

rapport *m* relation, relationship, connection

    par rapport à in relation to, compared with

rare rare, uncommon, unusual

rarement rarely

raté (*pp of* **rater**) failed

réaction *f* reaction

réagir to react

réalisateur *m* (*movie, television*) director

réaliser to produce

réalité *f* reality

récemment recently

récent recent

recette *f* recipe

recevoir to receive

recevons (**recevoir**) : **nous recevons** we receive

recherche *f* research

rechercher to look for

récit *m* story

reçois (**recevoir**) : **je reçois** I receive

reçoit (**recevoir**) : **il**

reçoit he receives

    on reçoit one receives

recommander to recommend

reconduire to take (someone) back

reconnaître to recognize, admit

record *m* record (*sports, etc.*)

recourir à to make use of

reçu (*pp of* **recevoir**) : **il a reçu** he received

redescendre to go down again

redeviennent (**redevenir**) : **ils redeviennent** they become again

redoubler to be required to repeat a grade

réduction *f* reduction

réduire to reduce, diminish

réduit (*pp of* **réduire**) : **modèle réduit** small-scale model

réellement really

refaites (*imp of* **refaire**) : **refaites cette scène** do this scene again

réflexion *f* thought

se refroidit (**se refroidir**) : **il se refroidit** it cools off

refuser to refuse

se régaler to have a delicious meal

regard *m* (a) look, glance

regarder to look at, watch

régiment *m* regiment

région *f* region

régional local, regional

règle *f* rule

règlement *m* regulation

régné (*pp of* **régner**) reigned

regretter to regret

régularité *f* regularity

régulier regular

régulièrement regularly

relatif relative

religieux religious

religieux *m* monk

religion *f* religion

relire to reread

remarquant (*pres par of* **remarquer**) : **en remarquant** remarking

remarquer to notice, observe, note

rembourser to reimburse, pay back

remboursera (*fut of* **rembourser**) : **il vous remboursera** he will reimburse you

remet (**remettre**) : **remet en place** puts back in place

remonter to go up again

remplacer to replace

rémunérer to remunerate, pay

rencontrer to meet

rend (**rendre**) : **il rend visite** he visits

rendent (**rendre**) : **ils rendent** they make; they render

rendez-vous *m* appointment, date

rendre to give back, return; to render; to make

    rendre compte to give an account

    rendre hommage à to pay hommage to

rendu (*pp of* **rendre**) rendered; gave

renommé (*pp of* **renommer**) : **renommé pour** renowned for

renouer to reestablish ties

rentrer to return

reverser to knock down

renvoyé (*pp of* **renvoyer**) sent back

réparez (**réparer**) : **vous la réparez** you repair it

repartir divide up, spread

repas *m* meal

repasser to take again (*exam*); to pass by again

répéter to repeat; to rehearse

répondre to answer

réponse *f* answer

reposer to rest

    se reposer to rest

reprendre to take over, resume

représenter to represent

république *f* republic

réputation *f* reputation

réserve *f* game preserve

réserver to reserve

résidence *f* residence

résider to reside

résister to resist; to put up with

respect *m* respect

respecter to respect

respirer to breathe

responsabilité *f* responsibility

responsable responsible

responsables *mpl* the persons in charge

ressembler to look like, resemble

   se ressembler to look alike

ressentir to feel

ressource *f* resource

restaurant *m* restaurant

rester to remain

résultat *m* result

résulter to result

résumé *m* summary

retard *m* delay

   en retard late

retenu (*pp of* **retenir**) withheld

retour *m* return

   sans retour without hope of returning

retourné (*pp of* **retourner**) returned

retourner to return; to turn over

retraité, -e *mf* retired person

retraite *f* retirement

   prendre sa retraite to retire on a pension

retrouver to find again, recover, recapture

   se retrouver to meet

réunion *f* reunion

réussi (*pp of* **réussir**) succeeded

réussir to succeed

réussite *f* success

revanche *f* return; revenge

   en revanche in return; conversely

rêvé dreamed of

   l'occasion rêvée the perfect opportunity

rêve *m* dream

réveille-matin *m* alarm clock

réveiller to awaken

revenir to come back

   de la faire revenir sur to make him reconsider

revenu (*pp of* **revenir**) : **son avion n'est pas revenu** his airplane didn't return

revenus *mpl* income

rêver to dream

reviennent (revenir) : **(ils) ne reviennent qu'au printemps** they don't comback until spring

revient (revenir) : **il revient** he returns

révolution *f* revolution

revue *f* magazine

rhinocéros *m* rhinoceros

rhume *m* cold

riche rich

richesse *f* wealth

ridicule ridiculous

rien nothing

   un rien les fatigue the slightest thing tires them out

rigoler *fam* to laugh; to have fun

rire to laugh

   rire au nez de quelq'un to laugh in someone's face

risque *m* risk, danger

rite *m* rite, ceremony

rival *m* (*pl* **rivaux**) rival

robinet *m* faucet

roi *m* king

rôle *m* role, part

roman *m* novel

romantique romantic

rompre to break; to break off

rond round

roue : roue de secours spare tire

rouge red

roulais (rouler) : **je roulais** I was rolling along, I was driving

rouler to roll; to ride

route *f* road, route

   en route on the way

royaliste royalist

rue *f* street

ruiné (*pp of* **ruiner**) ruined

russe Russian

Russe *m* (a) Russian

Russie *f* Russia

S

sac *m* purse

sacrosaint sacred

safari *m* safari

saint *m* saint

saisir to seize

saison *f* season

sait (savior) : **il sait** he knows

   il sait écrire he knows how to write

   on sait we know

salaire *m* salary

salle *f* room

   salle à manger *f* dining room

   salle de bains *f* bathroom

   salle de jeux *f* playroom

salon *m* living room

Salut! (*fam*) Hi!

samedi *m* Saturday

sans (que) without

santé *f* health

   en bonne santé healthy

sauf except

saupoudrez (*imp of* **saupoudrer**) to sprinkle

saura (savoir) : **il saura** he will know

sauter to jump

   faire sauter to toss in the air

   les cours sautent I skip classes

sauvage savage, wild

sauver to save

sauveteur *m* rescuer

savait (savoir) : **il savait** he knew

savent (savoir) : **ils savent** they know

savez (savoir) : **vous savez** you know

savoir to know

savoir-vivre *m* good manners

savons (savoir) : nous
savons we know
scandinave Scandinavian
scène *f* scene; stage
vous faites une scène à you
bawl out
science *f* science
scolaire pertaining to school
scolarité *f* course of study
second second; another
secondaire secondary
secouez (*imp of* secouer) shake
secours : roue de secours spare
tire
secret secretive; *m* secrecy
section *f* section, division
sécurité *f* safety
Sécurité sociale *f* Social Security
seize sixteen
sel *m* salt
selon according to
semaine *f* week
semblant : faire semblant to
pretend
sembler to seem
du moins il me semble at any
rate that's my feeling
sens *m* meaning; sense; direction
sens de l'humour sense of
humor
sensibilité *f* sensibility, feeling
sensible sensitive; susceptible
sent (sentir) : elle sent she
smells
sentent (sentir) : ils sentent
bon they smell good
sentez (se sentir) : vous
sentez-vous ? do you feel?
Sentier : le Sentier garment
district of Paris
sentiment *m* sentiment
sentimentalité *f* sentimentality
sentinelle *f* sentry, sentinel
sentir to feel; to smell
il sent l'alcool he smells of
alcohol
se sentir to feel
sentirez (*fut of* sentir) : vous
vous sentirez you will feel
séparation *f* separation
séparer to separate

sept seven
septembre *m* September
sera (*fut of* être) will be
seraient (*cond of* être) : ils
seraient they would be
serait (*cond of* être) : il serait it
would be
sergent *m* sergeant
série *f* series
sérieusement seriously
sérieux, -euse serious
prendre au sérieux to take
seriously
seront (*fut of* être) : ils
seront they will be
serrer : serrer la main to shake
hands
sert (servir) : il sert he serves
À quoi cela sert-il? Of what
use is it?
se sert (se servir) : on se sert de
savon one uses soap
servait (servir) : il servait it
served
servent (servir) : ils
servent they serve
servez (se servir) : vous vous
servez you use
servi (*pp of* servir) : il a
servi he served
service *m* service
serviette *f* napkin
servir to serve
qui nous servaient de which
we used as
seul alone, only
les seuls the only ones
seulement only; even
sévère strict
sévèrement severely
sévérité *f* strictness; austerity
sexe *m* sex
sexuel sexual
si if; so, so much; yes (*after
negation*)
siècle *m* century
signaler to indicate
signe *m* sign
signer to sign
signification *f* meaning
signifier to signify, mean

silence *m* silence, quiet
similaire similar
simplement simply
sinon if not
sirène *f* siren
site *m* site, location
situation *f* situation;
predicament, plight; job
situer to locate
six six
ski *m* ski
faire du ski to ski
skier to ski
skieur *m* skier
smoking *m* tuxedo
snack-bar *m* quick lunch
counter
S.N.C.F. (*abbr of* Société
nationale de chemin de fer
français) French national
railroad company
sobriété *f* sobriety
société *f* society
sœur sister
sofa *m* sofa
soi oneself
soif *f* thirst
avoir soif to be thirsty
soigner to nurse to health
soin *m* care
les premiers sions first aid
soir *m* evening
soirée *f* evening; evening party
soit (*subj of* être) : que ce
soit whether it be
soixante sixty
soixante-cinq sixty-five
sole *f* sole
soleil *m* sun
solitaire solitary, alone
solitude *f* solitude
solliciter to solicit, court
somme *f* sum; amount
sommeil *m* sleep
sommes (être) : nous
sommes we are
son his, her, its
sondage *m* poll
sonder to poll
sonner to ring
sonnette *f* bell

sont (être) : ce sont   they are

soporifique   sleep-inducing

sort (sortir) : on sort   one goes
    out, comes out

sortait (sortir) : il sortait de la
    ville   he went out of the city

sorte *f*   kind, type

sortent (sortir) : ils
    sortent   they get out

sorti (sortir) : je suis sorti   I
    went out

sortie *f*   exit; outing

sortir   to go out; to take out; to
    get out (*of a car, etc.*)

sortira (*fut of* sortir)   will
    emerge

  on sortira   we'll go out

soudain   suddenly

souffert (*pp of* souffrir)   suffered

souhaiter   to wish

souligner   to underline; to stress

soupe *f*   soup

source *f*   source; spring

sourire *m*   smile

sourire   to smile

sou *m*   penny

  des sous *fam*   money

sous   under

sous-développement *m*
    underdevelopment

sous-director *m*   assistant
    director

sous-titre *m*   subtitle

soutenir   to support

soutenu (*pp of*
    soutenir)   supported

souterrain   underground

souvenir *m*   memory

se souvenir (de)   to remember

souvent   often

souverain *m*   monarch

souviens (se souvenir) : je me
    souviens (de)   I remember

spécial   special

spécialement   especially

spécialiste *m*   specialist

spécialité *f*   specialty

spécifiquement   specifically

spectacle *m*   sight; entertainment

spectateur *m*   spectator

sportif   sporting, sports-loving

station service   gas station

station terminale   terminus

stationnement *m*   parking

stationner   to park

statistique *f*   statistics

stérilisé (pp of
    stériliser)   sterilized

stratégiste *mf*   strategist

stupéfait   astounded, stunned

stupide   stupid

style *m*   style

subir   to submit to, undergo

substance *f*   substance

substantif *m*   noun

subterfuge *m*   evasion, dodge

subtilité *f*   subtlety

subventionner   to subsidize,
    support financially

succès *m*   success

sucre *m*   sugar

sucré   sweet

sud *m*   south

sud-est *m*   southeast

sud-ouest *m*   southwest

suffiront (*fut of* suffire)   will
    suffice

suffisant   sufficient, enough

suffisent (suffire) : ils
    suffisent   they suffice

suffit : il suffit   it is enough

suggérer   to suggest

suggestion *f*   suggestion, hint

suis (être) : je suis   I am

Suisse *f*   Switerland

suit (suivre) : il suit   he follows

suivant   next, following;
    according to

suivez (*imp of* suivre)   follow

suivi (*pp of* suivre)   followed

  le plus suivi   the most popular

suivre   to follow

  suivre des cours   to take
    courses

sujet *m*   subject, topic

  au sujet de   concerning, as for

supérieur   superior

supermarché *m*   supermarket

supplémentaire   supplementary

supporter   to put up with

supposer   to suppose

suprême   supreme

sur   on, out of (*fractions*)

  un sur deux   one out of two

sûr   sure, certain

sûrement   surely

surface *f*   surface; area

surplus *m*   surplus

surprise *f*   surprise

surpris (*pp of*
    surprendre)   surprised

surtout   particularly, especially,
    above all

surveillant *m*   monitor (*school*)

surveiller   to watch over, to
    supervise

suscité   provoked

suspect *m*   suspect

suspendu (*pp of*
    suspendre)   hanging

symbole *m*   symbol

symboliser   to symbolize

sympa *fam*   nice, friendly

sympathique   sympathetic, nice,
    likeable

symptôme *m*   symptom

syndicat *m*   (*trade*) union

synonyme *m*   synonym

système *m*   system

T

tabac *m*   tobacco

table *f*   table

  à table   at the table, seated
    around the table

tableu *m*   painting

tâche *f*   task

  à la tâche   on the job

tailleur *m*   tailored suit for
    women

se taire   to be or become silent

talc *m*   talcum powder

talent *m*   talent

tant   so many

tante *f*   aunt

tard   late

  plus tard   later

tasse *f*   cup

taureau *m*   bull

taverne *f*   tavern

taxi *m*   taxi

te (t') you, to you

technique technical

tel, telle such, like

télé (*abbr of* télévision) TV

télégraphe *m* telegraph

télégraphique by telegraph

téléphone *m* telephone

téléphoner to telephone

téléphonique by, on the
telephone

téléspectateur *m* television
viewer

télévision *f* television

tellement so much, so

témoigner to witness

témoin *m* testimony

tempérament *m* temper,
disposition

température *f* temperature

temps *m* time

de temps en temps from time
to time

en même temps at the same
time

tendance *f* tendency

avoir tendance à to have a
tendency to

tendre (à) to tend to

tenir to hold

tentative *f* attempt

tente *f* tent

tenu (*pp of* tenir) held

terminale : station
terminale terminus

terminer to finish

terrasse *f* terrace

terrasse de café area with
tables outside of a café

terrain *m* ground, site

terre *f* earth, land

par terre on the ground

terreur *f* terror

terrible terrible, awful

terrifiant terrifying

terrine *f* pot; earthenware vessel

test *m* test

testez (*imp of* tester) test

tête *f* head

de tête in your head

.exte *m* text

théâtre *m* theater

thème *m* topic

théoriquement theoretically

ticket *m* ticket; receipt

tic-tac tick-tock

tiède lukewarm

le tien, la tienne yours

se tiennent (se tenir) : ils se
tiennent they stand

tient (tenir) : il tient he holds
tient sa maison keeps house

tiers *m* (a) third

timide timid, shy

tirer to pull out

titre *m* title

au même titre in the same
way

toi you

tomate *f* tomato

tombeau *m* tomb

tomber to fall

tôt early

totalement completely

toujours always

tour *m* turn

à tour de rôle one after
another

au troisième tour the third
time around

tourisme *m* tourism

touriste *mf* tourist

touristique tourist

tourmentez (se tourmenter) :
vous ne vous tourmentez
pas you don't worry

tournée *f* round, tour

tournure *f* construction

tous (*mpl of* tout)
tous les ans every year

tous everybody, all of us, all of
them

tout all; every

à tout moment at any time

tout de suite at once,
immediately

tout droit straight ahead

tout le monde everyone

tout le temps constantly

tout *m* everything

toute (*f of* tout)
de toute leur vie in their
whole life

toutefois however

toutes (*fpl of* tout)

tradition *f* tradition

par tradition traditionally, by
tradition

traditionnel traditional

tragédie *f* tragedy

train *m* train

être en train de to be in the
process of

trait d'union *m* hyphen

tranche *f* slice

tranquille quiet, calm, still

tranquillisant *m* tranquilizer

transatlantique transatlantic

transformer to transform

transistor *m* transistor

transposition *f* change in the
order of words

travail *m* work

travailler to work

travaux (*pl of* travail)

traversé (*pp of* traverser) : après
avoir traversé after having
crossed

traversée *f* crossing

traverser to go through; to
cross

treize thirteen

tremblant (*pres par of* trembler)
: en tremblant trembling

trente thirty

très very

triomphant triumphant

triomphe *m* triumph

triompher to triumph

triste sad, gloomy

tristesse *f* sadness

trois three

troisième third

trop too, too much, too many

trottoir *m* sidewalk

troublant (*pres par of*
troubler) disturbing

trouver to find

se trouver to be; to be
located; to find oneself

trouveront (*fut of* trouver) :
elles trouveront they will
find

truc *m fam* way; thing

tu you

tué (*pp of* **tuer**) killed

tunnel *m* tunnel

tutoiement *m* use of **tu** instead of **vous**

tutoyer to use the familiar **tu** form of address

tuyau *m* pipe, tube

type *m fam* fellow, guy

typique typical

U

ultra-moderne ultramodern

un a, an; *m* one

  les uns sur les autres piled on top of each other

uniforme *m* uniform

union *f* union

université *f* university

urgence *f* urgency

utile useful

utilsé (*pp of* **utiliser**) utilized

utiliser to use, utilize

V

va (**aller**) goes; is going to

  va être will be

  ça va mieux I'm feeling better

vacances *fpl* vacation

vain vain, fruitless

  en vain in vain

vais (**aller**) : **je vais** I go; I am going

vaisselle *f* dishes

  faire la vaisselle to wash the dishes

valait : il valait mieux it would be a good idea

valeur *f* value

valise *f* suitcase

vallée *f* valley

se vanter to brag

vaste vast, large

vaut (**valoir**) : **il vaut** it is worth; it is as good as

l'effort en vaut la peine the effort is worthwhile

vedette *f* star (*of a show*)

véhémence *f* vehemence

véhicule *m* vehicle

veille *f* eve

venaient (**venir**) : **ils venaient** they came

venait (**venir**) : **il venait** it came, he came

vendait (**vendre**) : **il vendait** he sold

vendeur, -euse *mf* salesperson

vendre to sell

vendredi *m* Friday

vendu (*pp of* **vendre**) sold

venez de (**venir de**) : **vous venez de finir** you have just finished

vengeance *f* revenge

venir to come

venir de to have just

vente *f* sale

venu (*pp of* **venir**) : **il est venu** he came

verbe *m* verb

vérifier to verify

vérité *f* truth

  en vérité actually, in reality

verra (*fut of* **voir**) : **il la verra** he will see it

verre *m* glass

vers toward

versant (*pres par of* **verser**) pouring

verso *m* back (*of a package*)

vert green

vertu *f* virtue

vestiaire *m* dressing room

veston *m* jacket

vêtement *m* article of clothing

vêtements *mpl* clothes

vétérinaire *m* veterinarian

veulent (**vouloir**) : **ils veulent** they wish, they want

ils veulent bien they are willing

veut (**vouloir**) : **il veut** he wants

ce qu'on veut whatever one wants

veut dire (**vouloir dire**) : **qui veut dire** which means

veuve *f* widow

veux (**vouloir**) : **je veux** I wish, want

viande *f* meat

victime *f* victim

victoire *f* victory

victorieux victorious

vide empty

se vider to empty out

vie *f* life

  vie de bohème bohemian life

vieillard, -e *mf* old man (woman)

vieille (*f of* **vieux**) old

vieille *f* old woman

vieillesse *f* old age

viendra (*fut of* **venir**) : **ce jour viendra** this day will come

viendront (*fut of* **venir**) : **ils viendront** they will come

viennent (**venir**) : **ils viennent** they come

vient (**venir**) : **il vient** he comes, it comes

vieux (**vieil**), **vieille** old

vieux *m* old man

vif, vive lively, quick

  à feu vif high flame

vigoureusement vigorously

village *m* village

ville *f* town, city

vin *m* wine

vingt twenty

violent violent

violer to rape

violon *m* violin

violoniste *mf* violinist

viril virile, manly

virilité *f* virility, manliness

visage *m* face

visent (**viser**) they aim at

visitant (*pres par of* **visiter**) visiting

visite *f* visit, call

visiter to visit

visiteur *m* visitor

vitamine *f* vitamin
  à la vitamine C containing vitamin C
vite rapid, fast; quickly, rapidly
vitesse *f* speed
  en vitesse quickly
vitré made of glass
vivaient (vivre) : ils vivaient they lived
vivant alive
vivent (vivre) : ils vivent they live
vivons (vivre) : nous vivons we live
vivre to live
  vivre en ménage to live as a couple
vivrez (*fut of* **vivre) : vous vivrez** you will live
vocabulaire *m* vocabulary
voici here is
  voici comment here is how
voient (voir) : ils voient they see
voilà behold; that's (it)
  voilà plus de 40 ans que for more than 40 years
voir to see
vois (voir) : tu vois you see
voisin *m* neighbor
voit (voir) : il me voit he sees me
voiture *f* car
voix *f* voice
vol *m* theft; flight
voler to steal
voleur *m* thief
volonté *f* will; wish

vont (aller) : ils vont they go
voter to vote
votre your
le vôtre yours
voudra (*fut of* **vouloir) : il voudra** he will wish
voudraient (*cond of* **vouloir) : ils voudraient bien** they would like very much
voudrais (*cond of* **vouloir) : je voudrais devenir** I would like to become
voudrait (*cond of* **vouloir) : elle voudrait être** she would like to be
voudriez (*cond of* **vouloir) : voudriez-vous visiter?** would you like to visit?
voulaient (vouloir) : elles voulaient they wished, they wanted
voulais (vouloir) : je voulais I wanted to
voulait (vouloir) : il voulait he wished
voulez (vouloir) : vous voulez you want, you wish
voulions (vouloir) : nous ne voulions pas we didn't wish to
vouloir to want
  vouloir bien to be willing
  vouloir dire to mean
voulons (vouloir) : nous voulons we wish
voulu (*pp of* **vouloir) : j'ai voulu** I wished to

vous-même yourself
voyage *m* trip
voyager to travel
voyageur *m* passenger; traveler
voyant (*pres par of* **voir)** seeing
voyez (voir) : vous voyez you see
vrai true
  à vrai dire to tell the truth, actually
vraiment truly, really
vu (*pp of* **voir) : il a vu** he saw
  ils l'ont vue they have seen her
vue *f* view
  vue d'ensemble overall view

W

wagon-restaurant *m* dining car (*on a train*)
whisky *m* whisky

Y

y there
  il y a ago; there is, there are
yaourt *m* yogurt
yeux *mpl* eyes

Z

zéro *m* zero
zoo *m* zoo
zoologique zoological